ATGOFION
HEN FILWR

gan

IFAN G. MORRIS

ISBN – 1-904845-32-0

Argraffwyd gan Wasg y Bwthyn, Caernarfon

Cynnwys

Cyflwyniad		7
Pennod 1	Plentyndod	9
Pennod 2	Yr Ysgol	12
Pennod 3	Straeon a Chymeriadau	15
Pennod 4	Gwyliau	22
Pennod 5	Siopau'r Pentref	28
Pennod 6	Y Capel	34
Pennod 7	Y Sgolarship a Dechrau Gweithio	38
Pennod 8	Byd y Peiriannau	48
Pennod 9	Cymylau Rhyfel ar y Gorwel	56
Pennod 10	Ymuno â'r Fyddin	61
Pennod 11	Y Teirw Dur	69
Pennod 12	Symud i'r Alban	76
Pennod 13	Hwylio Dramor	82
Pennod 14	De Affrica	88
Pennod 15	Yr Aifft	91
Pennod 16	Salwch	97
Pennod 17	Ail-ymuno â'r Uned	100

Pennod 18 Teithio i'r Gogledd 107

Pennod 19 Yn ôl i'r Aifft................................. 111

Pennod 20 Cyrraedd Sicilia 114

Pennod 21 Ar Dir Mawr yr Eidal 120

Pennod 22 Y Ddinas Dragwyddol......................... 130

Pennod 23 Gadael Rhufain 136

Pennod 24 Ffarwelio â'r Eidal.............................. 143

Pennod 25 Diwedd y Rhyfel.................................. 147

Pennod 26 Dychwelyd i Brydain............................ 150

Atodiad 163

Diolchiadau

Diolch i Alwyn am fwrw golwg dros y gyfrol.

Diolch i Bethan, Gwyn a Rhys am eu cymorth parod a'u cymwynasau lu.

Diolch i John Emyr ac i Gari Wyn am wthio'r cwch i'r dŵr.

Hoffwn gyflwyno'r gyfrol hon i'm gwraig Winifred,
ac i fy mhlant Beryl, Owen, John ac Ifan
a'r wyrion a'r wyresau

Cyflwyniad

Ym Methel yng ngarej Gari Wyn yr oeddwn, gyda'm bryd ar brynu car, ac yn cael gair neu ddau efo Ifan Morris, taid fy merch yng nghyfraith. Ond yn rhyfedd iawn, doedd bryd y gwerthwr ddim ar werthu ceir y diwrnod hwn. 'Dyma fo'r feri dyn i chi,' meddai Gari Wyn, 'mi geith hwn olwg dros y llyfr i chi.' A chyn i mi gael amser i feddwl, na dweud fawr o ddim, roedd y *deal* wedi ei gwneud, er na ches i ddim gostyngiad ym mhris y car! Doeddwn i ddim hyd yn oed yn gwybod beth oedd y llyfr, dim ond mai Ifan Morris oedd yr awdur. Ac roedd gen i gryn feddwl o Ifan Morris.

Yn ystafell gefn y NatWest ym Mhorthaethwy, dros ddeng mlynedd ar hugain yn ôl bellach, y daethom ar draws ein gilydd gyntaf. Roedd criw ohonom wedi dod at ein gilydd gyda'r bwriad o gychwyn papur bro ar lannau Môn o'r Fenai. Doedd gennym ddim pres, fawr o brofiad o fyd papur newydd, nac unrhyw syniad am yr hyn a olygai i gynhyrchu papur fis ar ôl mis. Beth bynnag, gyda llawer o lwc a haelioni un gŵr yn arbennig mi ddaeth y papur i fod, ac y mae'n dal i fod – Papur Menai ydi o bellach. Ond rwy'n gwbl argyhoeddedig, heb gyfraniad Ifan Morris, fuasai'r papur ddim yn bod o gwbl. Soniais am y diffyg arian. Roedd yn rhaid cael rhai cannoedd i dalu am yr argraffu, a doedd gennym ni'r un ddimai goch yn y coffrau. Roedd 'Sgubor Lawen' yn boblogaidd y dyddiau hynny, a chynigiodd Ifan Morris y sgubor fawr oedd ganddo yn Llanddaniel Fab i gynnal noson lawen ar gyfer codi arian. Bu'r noson yn llwyddiant ysgubol, codwyd dros £450 o bunnoedd, arian mawr y dyddiau hynny, ac roedd yn ddigon i dalu am argraffiad cyfan o'r papur. Fe gafwyd sgubor arall yn Llanddaniel ac wedyn mewn ffermydd eraill ar hyd a lled yr ardal, a rhain oedd prif ffynonellau codi arian at y papur bro newydd, ac i Ifan Morris yr oedd y diolch.

Doedd gen i fawr o wybodaeth bryd hynny am gefndir y gŵr tawel, diymhongar hwn. Mi wyddwn fod ganddo fusnes gwerthu blawdiau ac offer i ffermwyr, a'i fod yn ŵr bonheddig a dyna'r cwbl. Gyda'r blynyddoedd fe ddaeth yr adnabyddiaeth yn fwy. Fe briododd fy mab ieuengaf ei wyres, Elisabeth, ac mi fyddai'r wraig a minnau yn ddiolchgar iawn am ambell bryd o lysiau o'i ardd. Ond fel y gallwch gasglu, rhyw adnabyddiaeth digon arwynebol oedd hi. Rhyw sgwrs fach pan welem ein gilydd fel petae. A dyma fi rŵan wedi cael gwahoddiad i fwrw golwg dros ei atgofion, – fel milwr yn yr Ail Ryfel Byd. Fuaswn i byth wedi credu'r peth, – y gŵr distaw, hynaws, hwn wedi profi holl erchyllterau'r rhyfel ar hyd a lled Ewrop a gogledd Affrica. Hogyn ifanc o ganol Sir Fôn yn cael ei daflu i anterth y rhyfel, yn crwydro o un maes brwydr i'r llall, bron heb gyfle i ddod gartref dros y chwe blynedd hunllefus.

Fe gyrhaeddodd yr atgofion fesul llond *copi book*, pob un yn ei lawysgrifen daclus o, llond llyfr ar ôl llond llyfr, yn llawn o brofiadau. Mae'n cofio'r bobl a'r llefydd yn fyw iawn, ac fe geir y teimlad ei fod am rannu'i brofiadau gyda'i deulu yn arbennig, a chydag unrhyw un arall oedd ag awydd pori yn ei atgofion. Gyda chwe deg mlynedd ers diwedd y rhyfel, a'r anogaeth sydd ar bobl i gofnodi eu hatgofion o'r cyfnod, alla i ddim meddwl am well adeg i Ifan Morris fod wedi croniclo'i brofiadau. Gobeithiaf yn fawr y gwnant yr un argraff arnoch chi ag a wnaethant arna i.

ALWYN PLEMING
Awst 2005

Plentyndod

Cefais fy ngeni ar y 26ain o Ionawr 1920, y pumed o chwech o blant a anwyd i'm rhieni Owen a Mary Morris. Alice oedd y cyntaf-anedig, Henry yr ail, Jeni y trydydd ond bu iddi hi farw cyn cyrraedd ohoni ei dwyflwydd oed gan effeithiau'r frech goch. Roedd colli'r fechan yn ergyd drom i Mam a mawr oedd ei galar amdani. Galwyd y pedwerydd yn Jane. Minnau, y pumed, yn Ifan a'r chweched yn Megan. Enw'r tŷ lle'm ganed oedd "Llain Ymddrogan" – dyna'r enw ar lyfr y dreth a chyda treiglad amser mae wedi mynd yn "Drogan". Dywed rai sy'n awdurdod ar enwau lleoedd mai safle i ddarogan neu efallai i drafod achosion y plwyf ydoedd.

Plwyf Llanddanielfab
Daeth Deiniol Sant i Fangor o gyffiniau Bangor-is-y-Coed a chododd Eglwys fach tua 530 O.C. Hon yw'r esgobaeth hynaf yng Nghymru. Daeth Deiniol hefyd dros Afon Menai i Ynys Môn gan sefydlu nifer o Eglwysi ar yr Ynys. Un ohonynt yw Eglwys Deiniol Sant ac eglurhad posibl yw mai Deiniol Fab oedd y ffurf wreiddiol arni.

Enwau digon anghyffredin ar dŷ ac ar bentref. Ni wn am enwau cyffelyb i'r rhain yng Nghymru ond hwyrach fod rhai yn rhywle.

Wel, teulu bach digon cyffredin oeddem ni beth bynnag, fy Nhad yn gweini ffarmwrs, a chyflog bach iawn oedd am y gwaith hwnnw a dim llawer o obaith cael gwaith arall pryd hynny, gan nad oedd gweithfeydd fel sydd heddiw ar gael. Roedd Mam yn weithgar iawn, yn ddiwyd a medrus iawn gyda'i dwylo, ac o'r herwydd yn llwyddo i gael deupen llinyn ynghyd, er bod hynny yn orchwyl anodd iawn ar adegau.

Ond fe gawsom ni'r plant ein gwala â lluniaeth a llawenydd ar aelwyd ddedwydd iawn, gan ddysgu'r gwahaniaeth rhwng da a drwg, a thrysoraf am byth y cof o hynny.

Cefndir ac awyrgylch amaethyddol a gwledig oedd i'n bywyd. Byddai fy Nhad yn aredig rhan helaeth o'r llain (efo ceffylau yr amser hynny), i dyfu tatw, moron, ffa a phys. Ar ôl codi'r tatw, a rhoi amser iddynt sychu yn drwyadl, byddai'n mynd ati i wneud cyrnen i gadw'r tatw, ei llenwi yn ofalus efo gwellt a rhedyn, a phan ddoi yn amser ei hagor gefn gaeaf byddai ei chynnwys yn sych fel y garthen ac yn iach fel cneuen.

Dyma'r cof cyntaf sydd gennyf pan oeddwn tua'r pedair oed 'ma: roedd fy Nhad wedi agor rhychau gyda'r gŵŷdd ac wedi rhoi trwch o dail ceffylau ynddynt ac wedi dechrau plannu tatw, a finna yn straffaglu ar ei ôl ac yn syrthio i'r rhych. Y canlyniad oedd fy mod yn drybola o bridd a thail, a gorfu i Mam fy ymolchi'n lân a newid fy nillad i gyd. Wel sôn am ddweud y drefn wrth fy Nhad am adael i mi wneud y ffasiwn beth. Ond rhyw wên fach fyddai ar wyneb fy Nhad a chael hwyl yn ddistaw bach.

Arferion y fferm
Roedd fy mrawd Henry a minnau yn cael gwaith hel cerrig yng nghaeau Carregddyfnallt, fferm gyfagos – gorchwyl yr oedd yn rhaid ei chyflawni cyn i dyfiant gwair y gwanwyn ymddangos er mwyn medru gweld y cerrig cyn i'r peiriant torri gwair ddechrau ar ei waith, neu buasai'r cerrig yn mynd i lafnau'r peiriant a difetha'r awch. Fel hyn roedd gwneud y gwaith: eu casglu i fwcedi a'u gwagio ar y cae yn bentyrrau yn barod i drol ddod i'r cae i'w codi a mynd â hwy i lenwi tyllau oedd yn y ffordd oedd yn arwain o'r beudai at y tŷ.

Pan ddeuai yn amser cynhaeaf gwair clywais fy Nhad yn dweud wrth Mam, "Rhaid codi'n fore bore fory, Meri. Dw i eisiau mynd i ladd gwair i Tŷ Gwyn a Charregddyfnallt." Lladd gwair a ddywedir ym mis Mehefin am ei fod yn llawn sudd ac yn fyw, ond torri gwair yng Ngorffennaf pan fyddai wedi caledu. Dyna oedd y termau.

Byddai aroglau hyfryd ar wair lladdedig mis Mehefin (am gryn bellter), ac o mor ddymunol i'r golwg fyddai'r gwair yn gorwedd yn waneifiau fel patrwm a welir ar frethyn.

Byddai fy Nhad yn codi tua phedwar o'r gloch y bore, wedi rhoi bwyd a gosod harnais ar y ceffyl a'i fachu yn y peiriant torri gwair. Oes y ceffyl oedd hi! Wedyn dechrau lladd gwair cyn i wres y dydd ddod yn danbaid. Roedd hynny yn help i'r ceffyl hefyd i beidio chwysu. Roedd tynnu'r peiriant ar ei ôl yn waith caled i'r ceffyl.

Wedi lladd y gwair roedd yn bwysig wedyn cael digon o haul a gwynt i wneud y gwaith o'i gynaeafu. Nid oedd eisiau poeni pe bai yn bwrw ychydig law; roedd yn ddaioni i gadw'r llwch i lawr.

Ar ôl dau neu dri diwrnod o gynaeafu byddai'r dynion, y meistri a'r gweision a'r merched yn mynd i'r cae, a phicwarch wair hir gan bob un, ac un tipyn llai ei hyd i minnau i droi'r gwaneifiau drosodd. Wedi'u troi i gyd eid ati i'w hel yn rhenciau ac yna yn fydylau.

Os byddai'r tywydd yn braf a phoeth, gadewid y mydylau ar y cae am ddiwrnod neu ddau. Wedyn byddai'r hwyl yn dechrau i ni'r plant – hwyl anfarwol yn chwarae cuddio tu ôl iddynt, ond cofio cymryd gofal rhag eu dymchwel. Wedyn deuai'r troliau ceffyl i lwytho'r mydylau a'u cludo i ddiddosrwydd y tŷ gwair a'r das.

Yr Ysgol

Pan gyrhaeddais fy mhump oed, daeth yn bryd mynd i'r ysgol. "Ysgol Parc y Bont" y'i gelwid, rhyw hanner milltir o'm cartref. Rhodd gan Arglwydd Clarence Edward Paget, Plas Newydd oedd y darn tir yr adeiladwyd yr ysgol arno ac wedi'i leoli rhwng y ddau blwyf sef Llanddanielfab a Llanedwen er mwyn bod o fewn cyrraedd i blant y ddau blwyf. Agorwyd yr ysgol ym 1874. Y draul i'w hadeiladu oedd £385.00 ac roedd wedi'i chymhwyso gogyfer 98 o blant. Ysgol Eglwys oedd wrth gwrs (*Church of England School* oedd ar y llyfrau) ac felly o dan arolygiaeth Rheithor y Plwyf yn gyfan gwbl oedd y disgyblion o ran eu crefydd. Mr T J Rogers oedd y prifathro a Miss J Parry Jones oedd yr athrawes.

Mr T J Rogers oedd y Prifathro pan ddechreuais i ar fy ngyrfa ysgol ym 1925 a fo oedd yno pan ddaeth yn amser ymadael ym 1934. Dyn ardderchog iawn oedd Mr Rogers. Prifathro cadarn a'i air yn ddeddf i bawb yn yr ysgol, a phawb yn cael yr un sylw ganddo a'i drin yn yr un modd. Gwnaeth ei orau glas i addysgu'r plant ar hyd y blynyddoedd a chafwyd cynnyrch o gymeriadau ardderchog mewn byd ac Eglwys ac mewn sawl cylch.

Miss J Parry Jones oedd fy athrawes gyntaf. Mi fyddai yn ein dysgu i ddarllen a rhifo, ac roedd ganddi amynedd di-ben-draw a ffordd i fynd i mewn i fywyd plentyn, a phob amser yn siriol. Roedd y ddau, Mr Rogers a Miss Parry Jones yn ofalus iawn ohonom ni'r plant ym mhob agwedd o fywyd ysgol. Roedd gan rai o'r plant filltir a mwy o waith cerdded i'r ysgol, ac ar ddiwrnod glawog byddai llawer wedi gwlychu, yn enwedig eu coesau.

Galwai Mr Rogers hwy i'r llawr at stôf fawr, honno oedd yn cynhesu'r ysgol. Ar ôl archwilio a theimlo sanau'r genethod a'r bechgyn (buasai rhai yn codi stŵr pe bai athro yn gwneud hynny heddiw), dywedai wrth y plant â'r sanau gwlyb am eu tynnu a'u rhoddi ar y canllaw o flaen y stôf i sychu.

Doedd gennyf fawr o gariad at fywyd ysgol, a dweud y gwir gwell o lawer gennyf oedd cael bod allan yn yr haul a'r awyr iach, yn gwylio natur. Roeddwn yn hoffi gwersi daearyddiaeth a hanes a byddwn wrth fy modd yn cael mynd ar ddiwrnod braf ar hyd llwybrau'r fro. Byddem yn cael gwersi bach ar lysieueg a bywydeg (*ramble* y'i gelwid). Fy hoff lwybr oedd yr un o bont afon Braint sydd yn mynd yn gyfochrog â'r afon tuag at y gromlech, y gladdfa sydd dros 4 mil o flynyddoedd oed. Golygfa brydferth iawn oedd y meysydd teg a'r coed, llawer o goed cyll â'u gwreiddiau yn mwydo yn nyfroedd yr afon. Roeddem yn cael casglu'r cnau a llenwi ein pocedi. Byddai Mr Rogers yn gweiddi os awn yn rhy bell i'r caeau, "Keep to the path". Cymraeg fyddai Mr Rogers a'r plant yn siarad ar y teithiau natur hyn, ond y tu mewn i'r ysgol Saesneg oedd y cyfrwng am y rhan fwyaf o'r amser, a gwersi am hanes Lloegr fynychaf, ond dyna oedd y drefn y dwthwn hwnnw. Diolch fod pethau wedi gwella erbyn heddiw, a'r plant yn clywed am ei thywysogion eu hunain ac am fawrion ein cenedl.

Un digwyddiad sydd yn dod yn fyw i'm cof oedd pan gefais flas y gansen. Roedd tua ugain o ferlod, a rhai merlod mynydd yn eu plith, wedi dod i bori i'r cae tros y ffordd i Bont y Crug Isaf, dafliad carreg o'r ysgol. Roedd rhai ohonom ni'r hogia hŷn wedi bod yn cael hwyl ar eu marchogaeth ond derbyniodd Mr Rogers gwyn gan eu perchennog.

Doedd y Prifathro ddim yn un drwg ei dymer, ond mi fyddai yn cael y gwyllt ar adegau, a digon hawdd oedd i ni wybod pan fyddai yn colli ei limpyn. Byddai yn tynnu ei law trwy'i wallt hir trwchus yn aml. Y diwrnod hwnnw galwodd yr hogiau i gyd ymlaen a'n rhybuddio nad oedd yr un ohonom i fynd ar gyfyl y cae lle'r oedd y merlod, a dyma'r frawddeg olaf o'r rhybudd bob tro os byddai un ohonom mor ffôl â'i thorri: "Face the consequences," a'r llaw yn mynd trwy'r gwallt yn wyllt. Wel aeth tua thair wythnos heibio, a miri'r merlod wedi distewi nes i Huw fy nghefnder roi sialens i bedwar ohonom fynd am reid fach, a mynd amser cinio fel na welai neb ni gan eu bod yn bwyta. A dyna hwyl a gawsom am ryw awr fach yn actio *cowboys* fel Buffalo Bill a Roy Rogers; gwell o lawer na'u gwylio yn y sinema.

Aeth y chwiban i'n galw yn ôl i'r gwersi. Y pump ohonom, Ifan Tŷ'n Brwyn, Huw Gilfach, John Tŷ'n Reurych, Llew yr Helfa a minnau Ifan Drogan fel y'm gelwid gan naill a'r llall, yn sleifio ymysg gweddill y disgyblion i mewn i'r ysgol. "Be' di face the cons rywbeth" gofynnodd Llew. "Cau dy geg", meddai Huw rhag ofn i Rogin dy glwad". Ond ow! roedd Mr Rogers wedi clywed a gweld y cyfan, a chyn dechrau'r gwersi, galwodd ar y pump di-ddeud wrth eu henwau llawn, Hugh Price Morris ac yn y blaen, a'n gorchymyn "to the cloakroom". Atgoffodd ni ein bod wedi diystyru'r rhybudd ("face the consequences") ac felly bod yn rhaid disgyblu. Dwy swadan ar bob llaw oedd y gosb, a hynny yn eithaf ysgafn chwarae teg. Roedd blaen y bysedd yn cosi am ychydig. A dweud y gwir, credwn nad oedd ganddo fawr o galon at y dasg o gosbi.

Straeon a Chymeriadau

Fel y soniais o'r blaen, doeddwn i ddim yn hoff iawn o ddysgu, ond roedd gennym ni blant y wlad gyda chefndir gwerinol cymdeithasol lawer o ddiddordebau. Byddwn wrth fy modd yn dal cywion cwningod bach i'w dofi. Roedd ganddynt le iawn yn y llain a chwt clyd, a digon o libart i bori a hefyd tipyn o fresych a moron. Roedd gan Llew Helfa, un o'm cyfoedion ysgol, gwningod du a gwyn dof, a byddwn innau yn ffeirio pan fyddent wedi tyfu yn lefrod, fel y'u gelwid hwy. Wedyn byddwn yn ei gwerthu i gael tipyn o bres poced.

Diddordeb arall gennyf oedd ieir dodwy, ac mae'r un diddordeb yn parhau hyd heddiw ar ôl cymaint o amser (dim ond ychydig at iws tŷ). Roedd gennyf ewythr yn rheolwr siop ym Mangor a byddwn yn cael marchnad i'r wyau yno. Roedd gan gwmni Thomas Lewis fan oedd yn galw bob wythnos i ddanfon bwyd tŷ a bwydydd anifeiliaid.

Byddwn yn edrych ymlaen am wyliau'r haf o'r ysgol – wedi cau am gyfnod o bedair neu bum wythnos. O am amser difyr!

Byddwn yn cael mynd ar fy ngwyliau i ddau le, sef Caergybi a Mynydd Llandegai. Douglas Hill oedd yr enw amser hynny. Mae'n debyg fod â wnelo yr Arglwydd Penrhyn ag enw o'r fath. Roedd y ddau le yn bell drybeilig yn fy meddwl i yr amser hynny. Câf son am y ddau le yn nes ymlaen.

Ar ôl digon o law ac yna poethder byddai madarch yn tyfu yn y caeau a byddem yn codi i'w gasglu ar doriad y wawr. Doedd dim trafferth i'w gweld am eu bod yn wynion ac weithiau ar dymor da byddent yn edrych fel planced wen dros wyneb y cae. Buan iawn y llenwid ein basgedi ac erbyn y bore canlynol roedd cnwd arall wedi tyfu a dod i'r amlwg yn debyg iawn i'r manna'r oedd yr hen genedl yn ei gael i'w bwydo ar eu taith drwy'r anialwch yn ffres bob dydd.

Tymor y mwyar duon

Cymer fwy o amser o lawer i gasglu llond piser mawr o fwyar duon nag a wnaiff i gasglu madarch. Am hynny byddem yn gofalu mynd â brechdan fach efo ni. Mrs Thomas oedd ein cymdoges drws nesaf. Gwraig annwyl a charedig iawn, ac efo hi a'i phlant y byddwn yn mynd gan amlaf.

Lôn Tŷ Mawr

Hon oedd y ffordd a oedd yn arwain at y ffermdy (caf sôn am hon eto yn nes ymlaen), yna ymlaen ar hyd llwybr cul i'r rhosydd. Roedd rhosydd Tŷ Mawr yn doreithiog o fwyar duon (megis grawnsypiau Canaan), a buan oedd cael y basgedi'n llawn, ond nid heb ymdrech. Byddai ein breichiau a'n coesau yn bigiadau'r mieri a'r gwaed yn llifo. Ar ddiwrnod poeth, braf oedd cael eistedd ar lan yr afon – afon Braint oedd yn llifo ar ei thaith i gyfeiriad Brynsiencyn a Dwyran ac yna i'r môr.

Wedyn mwynhau bwyta'r brechdanau cyn ei throi hi am adref. Ond cyn cychwyn yn ôl gyda'r basgedi llawn, hwyl fyddai ymdrochi yn yr afon lle roedd argae, cystal mwynhad â phe baem ar un o draethau godidocaf y byd, ac yn wlyb fel spangwns, ond buan y byddai ein dillad yn sychu amdanom yng ngwres yr haul.

Mi oedd yr hen fwyar duon yn dod a thipyn o bres hefyd. Ar ôl i'n mamau gael digon at iws y tŷ i wneud jam mwyar duon, jeli mwyar duon, jam afal a mwyar duon, roedd gan mam a Mrs Thomas lawnder o jam at y gaeaf, wedyn mynd â'r gweddill i'w gwerthu yn y farchnad ym Mangor. Roedd gan Mrs Hogan stondin yno ac roedd yn gwerthu bob math o ffrwythau a llysiau.

Roedd lôn Tŷ Mawr y cyfeiriais ati o'r blaen yn terfynu ar ein llain tir ni, a dim ond clawdd mawr rhyngom. Byddai'r sipsiwn yn dod yno i aros am ychydig ddyddiau; nid oedd iddynt yno ddinas barhaus chwaith, gan iddynt gael eu herlid gan y tirfeddianwyr a'r awdurdodau. Tra byddent yno, byddai'r merched yn mynd o amgylch yr ardal gyda'u basgedi i werthu blodau o bapur, pegiau dillad a matiau bration. Roeddent yn bobl ddiddorol iawn, yn wahanol eu ffyrdd i ni gyda diwylliant arbennig ac enwau megis Woods, Boswell, Lovell a Locks. Romani yw'r enw maent yn ei ddefnyddio i ddisgrifio eu hunain a'u hiaith yn hytrach na sipsi. Mi glywais mai ystyr y gair 'Romani' yng ngorllewin Ewrop yw bonheddig. Mae'n resyn eu bod wedi'u herlid ar hyd y canrifoedd ac fe'u lladdwyd wrth y miloedd yng ngwersylloedd erchyll y Natsïaid yn ystod y rhyfel diwethaf. Lawer tro y bûm, pan oeddwn tua'r deuddeg oed, yn mynd dros y clawdd atynt i'w cwmni a chael croeso tywysogaidd. Hoffwn yn fawr eu gwylio yn gwneud celfi o goed i'w gwerthu.

Dw i'n cofio cael anrheg fach ganddynt. Ffliwt fach wedi'i gwneud yn gywrain iawn o bren collen. Byddai Mam yn dweud mewn smaldod "Gwylia di iddynt dy roi yn y garafán a mynd a chdi hefo nhw i'r Aifft". Wn i ddim pam yr Aifft, ac ni freuddwydiais mai dyma'r union fangre y cefais fy hun ynddi cyn hir, ond stori arall yw honno a hwyrach y caf ei dweud eto os byw ac iach.

Achlysur Genedigaeth

Tra'r wyf yn hel atgofion am Lôn Tŷ Mawr, mae digwyddiad arall yn fyw yn fy nghof, ond mae hwn yn mynd yn ôl i ddechrau'r pum degau ar ôl i mi ddod adref o'r heldrin ofnadwy. Gelwais yn Drogan i weld Mam a Megan fy chwaer, a sylwais fod 'na garafán yn lôn Tŷ Mawr. Cefais wybod yr hanes gan fy chwaer. Roedd Mr Lock, perchnennog y garafán wedi bod yn gofyn i Mam a fuasai'n helpu ei wraig oedd yn feichiog ac mewn gwewyr esgor. "Mae Mam wedi mynd i'r garafán," meddai Megan, "ac wedi rhoi gorchymyn i ferwi digon o ddŵr glân." Yn ogystal â'i medrusrwydd mewn llawer o sgiliau roedd Mam yn deall gwyddor bydwreigiaeth a bu'n cynorthwyo mewn llawer genedigaeth yn yr ardal. (Hefyd byddai yn mynd i wasanaethu ar achlysur marwolaeth. Weithiau byddai galwad gefn trymbedd nos). Roeddynt wedi galw'r doctor, ac yn ei ddisgwyl bob munud, ond yn y cyfamser fe anwyd y baban, bachgen bach, cyn i'r doctor gyrraedd. Y cyfarchiad a gafodd gan Mam oedd "Lle dach chi wedi bod mor hir cyn dod, ddyn?" "Wel, Mrs Morris bach gwybod eich bod chi o gwmpas oeddwn!"

Wel, aeth tua hanner can mlynedd heibio ers y digwyddiad uchod. Un diwrnod roeddwn yn ymweld â'm brawd, Henry, yn ward Moelwyn yn Ysbyty Gwynedd, a gofynnais i'r gŵr yn y gwely agosaf sut roedd o'n teimlo, ac aeth yn ymgom rhyngom. Wedi holi o ble roeddwn yn dod gofynnodd a oedd Mrs Mary Morris yn fam i mi. Dywedais ei bod ac meddai, "Your mother was an angel from heaven", gan ddwyn i gof achlysur geni ei fachgen bach yn lôn Tŷ Mawr.

Roedd cael cyflenwad o ddŵr glân at iws y tŷ yn dipyn o broblem yn enwedig trwy'r haf. Gan nad oedd ffynnon na phydew yn agos i Drogan, rhaid oedd mynd i ben draw lôn Tŷ Mawr ac ar draws dau gae, pellter o tua chwarter milltir, cyn cyrraedd y ffynnon. Doedd dim gwell dŵr yfed yn unman, dŵr crisialaidd pur yn tarddu yn fwrlwm a'i gofer ym mwydo'r ddaear o'i hamgylch. Ond trueni erbyn heddiw, methiant fu cadw'r ffynnon rhag y baw.

Gorchwyl bob bore Sadwrn i ni'r plant oedd llenwi'r casgenni dŵr i ddal y dŵr to (dŵr glaw). Weithiau byddwn yn mynd i'r pentref i nôl dŵr o'r pydew lle'r oedd pwmp mawr wedi'i osod i bwmpio'r dŵr i fyny. Dull arall oedd gennyf i gario dŵr o'r pydew, gan ei fod yn bell, tua phum can llath mae'n siŵr o'm cartref, oedd gosod dau biser dŵr bob ochr ar lyw (*handlebars*) y beic. Yna reid ar gefn y beic at y pydew, llenwi'r piseri a cherdded yn ôl reit ofalus rhag colli dim o'r dŵr gwerthfawr.

Digwyddodd un tro trwstan unwaith wrth gario dŵr, a minnau ar y pryd yn llefnyn tua 10 oed. Cofiaf yr helynt fel pe bai ond ddoe. Roeddwn yn mynd braidd yn gyflym rownd y tro i lôn fach Tan y Fynwent lle'r oedd y pydew. Gwelais ddyn bychan o gorffolaeth yn sefyll yn fy llwybr ac yn gwisgo cap pig gloyw am ei ben. Adnabyddid ef fel Capten Cae Moel-y-Don. Wel, methais â stopio ddigon buan i'w arbed ac aeth olwyn flaen y beic rhwng ei goesau, syrthiodd y cap pig gloyw ac un o'r piseri oedd ar lyw y beic i'r llawr. Gwylltiodd yn gacwn gan chwythu bygythion a gweiddi â'i ddwrn i fyny, "Apologise, apologise," lawer gwaith. A finnau ddim yn deall beth oedd ystyr *apologise* gan mai ychydig o Saesneg oedd gennyf bryd hynny. Ceisiais yngan y gair *apologise* ar ei ôl. Mi wylltiodd yn saith waeth, gan mae'n debyg iddo feddwl fy mod i'n mynnu iddo fo ymddiheuro. Doedd dim i'w wneud ond ei bachu hi o'i ffordd a neidiais ar fy meic a'i goleuo hi nerth esgyrn adref a diolch nad oedd neb wedi brifo.

Lle da i wneud sgwâr bocsio oedd lôn Tŷ Mawr. Gosod dau bolyn tua 12 troedfedd o hyd ar draws y lôn o glawdd i glawdd. Roedd Huw Price fy nghefnder tua'r un oed â mi yn cael benthyg pâr o fenig bocsio gan ei frawd a oedd yn hyn na ni. Byddem yn chwarae triwant o'r ysgol ambell i bnawn a chynnal gornest yn lôn Tŷ Mawr.

Pencampwyr bocsio y cyfnod hwnnw oedd Tommy Farr, Joe Louis, Jack Peterson a Len Harvey a dyna lle byddem wrth ddynwared ein harwyr, yn colbio'n gilydd yn chwys domen dail.

Bu ond y dim i ni gael ein dal un tro gan Mr Williams, y dyn hel plant i'r ysgol. Byddai'n dod ar gefn motor beic. Mae'n debyg bod rhywun wedi achwyn arnom y pnawn hwnnw, ond trwy drugaredd clywsom sŵn y motor beic a chawsom amser i godi'n stondin bocsio a rhedeg ar draws y cae. Ni fedrai Mr Williams redeg ar ein holau. Ac araf drybeilig oedd ei gerdded oherwydd effaith i'w goesau rewi pan oedd yn filwr yn y frwydr fawr yn y Dardanelles yn Rhyfel 1914-1918.

Tro Trwstan yn Lôn Tŷ Mawr Gyfareddol

Rhyfedd fel mai'r meddwl yn rhedeg yn ôl i'r gorffennol a chofiaf yn dda mai yno yn Lôn Tŷ Mawr y bu i mi smocio gyntaf erioed, a minnau ond yn blentyn ysgol.

Huw fy nghefnder a minnau yn gwario ceiniog yr un i brynu paced bach o sigarennau Woodbine – pump am ddwy geiniog gan Mr Thompson y Post (siop bob dim).

Doedd wiw i mi fynd â sigarét yn agos i'm cartref, felly eistedd ym môn y clawdd i fwynhau mygyn (os oedd yn fwynhad hefyd). Meddwl ein hunain yn ddynion yn ein hoed a'n hamser. Wedi ysmygu dwy sigarét, y peth nesaf i'w wneud oedd cuddio y dair arall o dan garreg fawr wrth droed y gamfa tan y tro nesaf. Ond ow, pan ddaeth y tro nesaf heibio roedd y lleithder wedi peri i'r dair chwyddo a'r papur amdanynt yn lliw brown anghynnes. Dysgu gwers i ni! Rhaid cofio un peth eto cyn mentro adref i'r tŷ, sef cnoi deilen neu ddwy oedd yn tyfu ar ochr y clawdd i wneud i'r arogl mwg fynd i ffwrdd oddi ar ein hanadl.

Cymeriadau

Roedd gan ardal fy mebyd ambell i gymeriad lliwgar fel pob ardal ym Môn yr amser hynny yn nechrau'r ugeinfed ganrif.

Fy ngorchwyl bob bore cyn mynd i'r ysgol fyddai mynd i nôl papur dyddiol y *Liverpool Daily Post* o Siop Post y pentref, un i'm tad ac un i Mr Robert Owen Carregddyfnallt, fferm gyfagos, am gyflog o ddwy geiniog yr wythnos, pres eithaf da yn y cyfnod hwnnw.

Un bore cyrhaeddais cyn i ddrws y siop agor, a phwy oedd yn eistedd ar gapan lechen y ffenestr ond hen lanc Tyddyn Uchaf. Anaml y gwelid ef yn y pentref.

Gwisgai drowsus melfaréd a oedd yn amlwg yn hen iawn. Roedd wedi ei frodio yn y llefydd oedd wedi gwisgo â chlytiau amryliw. Allwn i ddim peidio â syllu mewn syndod gan ddotio ato. Cefais lond ceg iawn gan yr hen lanc a meddai, "Be wyt ti'n ei lygadrythu'r Drogan uffarn?" Balch iawn yr oeddwn o weld drws y siop yn agor.

Pan oeddwn yn gweithio i gwmni E B Jones, cyfarfûm ag ambell i gymeriad gwreiddiol. Un ohonynt oedd Mrs Jensen, gwraig oedd yn byw gyda'i gŵr yn Tan y Fynwent. Saer coed oedd Mr Jensen a gweithdy saer ganddo yn sownd yn y tŷ a drws yn agor i'r gegin.

Byddai trafeiliwr E B Jones yn galw hefo'r cwsmeriaid i gael archebion am flawdiau anifeiliaid a bwydydd tŷ ac yna byddwn innau yn eu dosbarthu bob pythefnos. Byddai Mrs Jensen yn derbyn y bocs nwyddau trwy'r drws cefn os byddai ei gŵr allan, ond os byddai'n gweithio yn y gweithdy, byddai Mrs Jensen yn gofalu gwylied am y lori yn cyrraedd cyn agor y drws ffrynt a galw arnaf. "Dowch â nhw ffordd hyn 'ngwas i. Mae'r dyn 'ma yn fusneslyd ofnadwy, ac eisiau gweld pob dim. Wel, dawn ni'n llwgu'r funud 'ma, mae o eisiau gwybod sawl owns sydd mewn rhech!"

Cymeriad hoffus arall oedd Edward Jos, gwas ffermdy Tŷ Mawr. Dyn bychan o gorffolaeth ydoedd – prin pum troedfedd o daldra. Mae gennyf gof da ohono yn mynd i'r siop i nôl bwydydd gogyfer y tŷ. Roedd y siop gryn hanner milltir o bellter o Tŷ Mawr. Sach peilliad oedd yn dal y nwyddau a hwnnw wedi'i lenwi i'r ymylon. Gosodai'r sach ar ei gefn, ond nid oedd yn aros yno'n hir; llithrai i lawr bron at ei sodlau. Ac wrth fod Edward Jones mor fyr â'r hen sach mor hir, roedd yn crafu'r lôn erbyn cyrraedd giât pen lôn Tŷ Mawr. Hen giât fawr drom 10 troedfedd oedd hi. Wel sôn am regi fyddai wrth geisio ei hagor heb roi y sach i lawr. Pe bawn yn digwydd bod y tu arall i'r clawdd byddwn yn mynd trosodd i agor y giat iddo. Wedi rhoi'r sach i lawr ac eistedd ar garreg, byddai wrth ei fodd yn cael sgwrs a chnoi baco hynny fedrai a'r sudd yn rhedeg i lawr ei ên, a phob amser yn awyddus i mi ddweud ychydig o'm hynt a'm helynt. A dyma'r cwestiwn fyddai'r hen frawd yn ei ofyn bob amser: "Fuo chi'n bell, Ifan?" Dim ond cyn belled â Phorthaethwy i'r ffair roedd o wedi bod medda fo ei hun.

Byddai fy Mam yn pobi ei bara ei hun – pobiad bob wythnos. Wrth y sachaid roedd yn prynu'r blawd; roedd yn rhatach ei brynu felly – 140 pwys mewn sach a'r enw "Frost and Co." arno. Roedd y sach ei hun o wneuthuriad cotwm ac yn werthfawr. Clywais y gair *calico* amdano hefyd. Byddai fy Mam yn ei ddadwnïo, yna ei olchi'n lân nes y byddai yn wyn gannaid ac wedyn yn ei ddefnyddio i wneud llieiniau sychu llestri a gorchudd ar gobenyddion a barclod.

Clywais fy ngwraig yn dweud hefyd ei bod yn cofio pan oedd yn eneth ysgol amser y rhyfel, prynu lluniau blodau ac anifeiliaid, ac wedyn eu trosglwyddo ar y sach a'u gwnïo'n dwt o amgylch yr ymyl i wneud gorchudd bwrdd hyfryd. Felly roedd yr hen sach yn ddefnyddiol i amryw o bethau!

Roedd 'na farclod arall hefyd, sef y barclod bras fyddai'r merched yn ei wisgo i wneud gwaith allan mwy na heb, sef cario dŵr, golchi'r lloriau, bwydo'r moch, nôl coed tân a glo i'r tŷ. *Hesian* oedd y defnydd hwn ac roedd yn fwy gwydn na'r un cotwm.

Byddai gweithwyr amaethyddol yn gofalu cario sach neu ddau i'w taro tros eu gwar pe bai yn dod i fwrw glaw. Defnydd arall o'r hen sach oedd pwytho tameidiau o hen glytiau amryliw iddo a dyna chi beth oeddynt yn ei alw yn *mat rags*. Heb anghofio ei roi tu allan i'r drws i bawb sychu eu traed ynddo cyn mynd i mewn i'r tŷ.

PENNOD 4

Gwyliau

Fel y soniais ynghynt, byddwn yn cael mynd ar fy ngwyliau i ddau le tra gwahanol, môr a mynydd: Caergybi a Mynydd Llandegai.

Caergybi
At Anti Anne ac Yncl Robert oedd yn byw yn 3 Lhassa Street, Ffordd Holborn y byddwn yn mynd a mwynhau fy hun. Roedd Caergybi yn borthladd eithaf prysur yr amser hynny, tua 55 milltir ar draws y dŵr i ddinas enwog Dulyn.

Roedd ganddynt wyth o blant, cefndryd a chyfnitherod i mi – chwech o'r rheini wedi gadael y cartref i fynd i weithio i Lundain a Wallasey a dau ar ôl gartref ond hwythau hefyd wedi dechrau gweithio, sef Owen a Gwladys. Felly yn ystod y dydd byddwn ar ben fy hun, ac yn cael hamdden i archwilio tref Caergybi a'i dalgylch wedi bwyta brecwast maethlon o uwd, cig moch, ac wy. Byddai Mam yn gofalu bob amser am anfon basged lawn o wyau ffres ieir pigo ac ar dir glas ('organic' yw'r gair heddiw) i Anti Anne.

Wedyn y gorchwyl cyntaf oedd mynd â'r ci bach am dro. Daeargi Sgotyn oedd ei frid, gyda choesau byr a chorff cryf ganddo. Ci call iawn, ond roedd un bai arno: roedd yn ddiawch am godi twrw a chwffio hefo cŵn eraill. Un bore mi fedrodd roi plwc sydyn ar y tennyn a thorri'n rhydd i fynd i gwffio â chi mwy o faint o lawer. Bu'n goblyn o gwffas, ac er iddo gael brathiad gan ei elyn mewn man gwan nes roedd y gwaed yn llifo, daliodd ati nes i'w wrthwynebydd ildio a rhedeg i ffwrdd. Rhedais innau am 3 Lhassa Street mor gyflym ag y medrwn. Wel, roedd yn helynt a hanner pan welodd Anti Anne goesau'r sgotyn yn waed i gyd. I wneud pethau'n waeth nid Anti Anne oedd perchennog y ci; wedi cymryd y cyfrifoldeb o edrych ar ei ôl tra roedd ei berchennog iawn, un o benaethiaid rheilffordd yr LMS o Lundain, ar ei wyliau ar y cyfandir yr oedd.

Wel diolch byth, llwyddwyd i olchi ei friwiau â dŵr a Dettol. Fel y dywedais, mi roedd yn gi call ac yn gwybod ein bod yn ceisio ei ymgeleddu a gadael i ni roddi plaster antiseptig ar y briw.

Gorchwyl arall yn y bore oedd mynd ar negeseuon i fy modryb. Roedd 'na siop ym mhen uchaf Ffordd Holborn. Kyffin, os wyf yn cofio, oedd yr enw ac i'r fan honno yr awn gyda'r fasged wiail yn fy llaw a rhestr o nwyddau, te, siwgr ac yn y blaen ac ar waelod y rhestr bob amser ceiniogwerth o dda-da, melysion *Palm toffee*. Ie, yr hen geiniog wrth gwrs: be arall ym 1933? Cael llond y cwd papur o'r taffi melyn. Mae'n amheus gen i a fuasech yn cael hanner un da-da am geiniog heddiw, a honno yn ddwywaith mwy o werth na'r hen geiniog. Ta waeth, y fi oedd yn cael y paced melysion i gyd. Chwarae teg i Modryb; roedd ganddi galon garedig. Wedyn awn allan am dro, weithiau cyn belled â'r morglawdd, eistedd i lawr i wylio'r llongau mawr yn mynd heibio yn y pellter, a mwynhau cnoi y *Palm Toffees*.

Ar ôl pryd o fwyd ganol dydd byddwn wrth fy modd yn mynd i Borth Dafarch, cilfach ddymunol a'r môr yn dod i mewn bron i'r lôn ar adegau, a thywod glân cynnes i'n croesawu. Ac yno, a minnau yn dairarddeg oed, y dysgais nofio am y tro cyntaf erioed. Besi a Gwladys fuo efo fi y tro cyntaf i ddangos y ffordd yno, a chanddynt hwy y cefais fy ngwers gyntaf. Roedd plant 3 Lhassa Street yn gallu nofio fel pysgod. Byddwn yn cael benthyg beic Gwladys i fynd i Borth Dafarch.

Lle diddorol arall y byddwn yn ei fynychu oedd yr orsaf reilffordd i wylio llong fferi Cambrian neu Hibernian yn dod i mewn i lanio gyda'i theithwyr o'r Iwerddon. Byddwn yn cael gwybod yr amser pryd y disgwylid i'r llong lanio gan un o'r swyddogion ar y platfform. Roedd y wybodaeth honno yn dra phwysig i mi er mwyn cael eistedd ar fainc oedd gyferbyn â'r bont (*gangway*) i weld y teithwyr gyda'u paciau a'u parseli mawr yn dadlwytho. Os byddwn yn gweld dyn neu ddynes yn straffaglio ac mewn helbul yn eu cario o'r llong i'r trên oedd yn eu disgwyl ar y platfform pella, byddwn yn cynnig help llaw iddynt, a hwythau fel arfer yn falch o'r help ac yn rhoi cildwrn bach i mi. Cefais aml i chwechyn a swlltyn ganddynt.

'Rwyn cofio'n dda hefyd cael mynd i'r pictiwrs am y tro cyntaf yn fy mywyd ac mae wedi aros yn fy nghof yn hyfryd. Roedd Anti Anne wedi gweld poster yn hysbysebu fod y ffilm *Tugboat Annie*, gyda Wallace Beery a Marie Dressler, sêr y cyfnod hwnnw, yng Nghaergybi. Roedd fy mam a'm chwaer fach Megan wedi dod i aros i Lhassa Street am y noson honno. "Dowch Mary," meddai Anti Anne, "gadewch i ni fynd i'w gweld." Ac felly y bu. Wel, roeddem wedi ein rhyfeddu er heb fedru deall y cyfan oedd yn cael ei ddweud, gan mai yn Saesneg wrth gwrs yr oeddynt yn siarad. Wel, er hynny, mwynheais y ffilm yn fawr iawn, bu'r hen Wallace yn arwr i mi am hir wedyn.

Digwyddiad arall sy'n fyw yn fy nghof yw pan oedd Mam a Modryb Anne a fy chwaer Megan yn eistedd un pnawn ar fainc yn gwylio'r mynd a dŵad ar y cei. Roedd Megan a minnau wedi cael darn hanner coron yr un gan ein hewythr Robat y noson gynt am ein bod, medda fo, yn blant da! Mi oedd Megan fy chwaer hefo'r hanner coron yn ei llaw pan ddisgynnodd ar lawr y concrit a dechrau rowlio tuag at y dŵr. Mi oedd darn hanner coron crwn yr hen amser yn dipyn o faint ac yn rowlio'n rhwydd. Rhedodd y fechan chwe mlwydd oed ar ei ôl gan geisio ei ddal, heb weld na sylweddoli'r perygl. Gwaeddodd Mam a Modryb nerth eu pennau, a thrwy drugaredd roedd dyn yn sefyll gerllaw. Rhoes gam a naid a llwyddodd i afael ynddi pan oedd o fewn ychydig fodfeddi i ddisgyn dros yr ymyl i'r môr. Diolch byth fod y gŵr bonheddig yn y fan a'r lle, ac yn ddigon sydyn i weithredu cyn iddi ddisgyn dros y dibyn.

Mynydd Llandegai

Mynydd Llandegai ger Bethesda oedd yr ardal arall y cawn fynd am wyliau haf. Ardal chwarelyddol, ac yno yn 34 Tan y Bwlch, roedd fy Anti Lisi, chwaer Mam, ac Yncl Edwart yn byw.

Adeiladwyd y tyddynnod bach hyn yn bennaf i weithwyr chwarel y Penrhyn gan y Lord, gyda digon o dir i gadw buwch neu ddwy yn ogystal â'u lloi. Byddai croeso mawr bob amser ar yr aelwyd honno. Roedd ganddynt chwech o blant, sef Alice, Edi, Nell, Mair, Evan a Dei; y tri hynaf wedi gadael y cartref i fynd i weithio, a Mair, Evan a Dei gartref yn blant ysgol, fel finnau. Mae'r ardal hon yn wahanol iawn i dref Caergybi a'i phorthladd. Yma ceir mynyddoedd, llynnoedd, afonydd, ac yn newid mawr i mi a oedd wedi arfer â gwastadeddau Môn.

Roedd yn lle rhamantus a delfrydol i blant chwarae a chwilota o amgylch. Mae'r ardal tua mil o droedfeddi yn uwch na lefel y môr. Byddai Mair, Evan a Dei, Gryff a Doris drws nesaf, a minnau yn cael hwyl anfarwol yn chwarae Cowbois ac Indiaid. Cofiaf yn dda unwaith, ar ôl methu cael jam coch o'r cwpwrdd yn y tŷ, gael gafael ar botyn yn y beudy a'i gynnwys yn lliw rhywbeth yn debyg i oren. Yna gwneud llinellau ar ein wynebau hefo'r stwff i ddynwared yr Indiaid Cochion.

Roedd 'na afon fach yn llifo i lawr o'r mynydd ac yn rhedeg ar ei thaith drwy'r mynyddoedd ac i'r llyn yn is i lawr. Un ochr i'r afon roedd gwersyll yr Indiaid a'r ochr arall y Cowbois; yr arfau, bwâu a saethau, a'r gynnau wedi'u naddu o frigau coed.

Byddem yn cuddio yn y llwyni grug o olwg ein gilydd am ysbaid, ac yna codi'n sydyn a rhoi gwaedd ac ymosod ar ein gilydd a cheisio cymryd meddiant o'r afon oddi ar y naill a'r llall.

Arfer arall oedd gwneud neu gau argae. Byddem wrthi'n ddygn am awr neu ddwy yn cario cerrig a'u gosod ar draws yr afon.

Coblyn o hwyl fyddai ceisio dal brithyll hefo rhwydi wedi'u gwneud o ryw ddefnydd tyllog y byddai Anti Lisi wedi ei roi i ni, a byddem yn llwyddo hefyd ambell dro. Hawdd iawn oedd llithro ar y cerrig llithrig a syrthio i'r dŵr fel y bu llawer tro yn ein hanes, a gorfod rhedeg adref i newid ein dillad.

Byddai Anti Lisi yn ei gaddo hi i ni yn ofnadwy. "Sut da chi yn disgwyl i mi fedru sychu eich dillad gwlyb, y diawlad bach? Ewch am eich gwelâu y munud 'ma!" fydda'r bygythiad. Ond roedd Anti yn un ffeindia'n fyw gyda chalon gynnes, a buan iawn y gwelid y dillad gwlyb yn sychu o flaen tanllwyth o dân.

Lle da oedd y Foel gyfagos i gasglu llus, a dyna lle byddem ni blant, tua dwsin ohonom, am bnawn cyfan yn ddiwyd yn llenwi ein basgedi. Gwaith hir a blin oedd hel llus gan eu bod mor fychan eu maint. Ond wir, roedd yn werth yr ymdrech gan gofio'r wledd oedd yn ein haros wedi i Anti Lisi gael ei dwylo arnynt. Byddai yn crasu oddeutu pump i chwech o deisennau llus ar blatiau mawr. Gwledd yn wir oedd blasu y rheini. Dw i'n cofio yn iawn fel y byddai yn torri platiad o fara menyn, wel torth fawr gyfan i ni (menyn cartref wrth gwrs) ac yn ein hannog ni i fwyta "llond ein boliau" a doedd dim angen rhyw lawer o anogaeth 'chwaith i blant a oedd yn wastad yn yr awyr agored ac yn awchu am fwyd!

Gyda'r nos byddem ni'r plant o gylch y tân yn gwrando ar Yncl Edwart yn olrhain ei hanes yn y Rhyfel Byd Cyntaf (1914-1918). Heb os, y fo oedd y gorau i mi ei glywed erioed yn disgrifio a darlunio'r digwyddiadau a'r helyntion y bu trwyddynt yn yr Aifft a Phalesteina.

Bu brwydro ffyrnig yn y mannau hyn rhwng milwyr Ymerodraeth Twrci a'r Cynghreiriaid. Anialwch agored diffaith oedd llawer o'r tir hwn yr oeddynt yn ymladd yno ac erbyn Hydref 1917 roeddynt yn yr hen diroedd Beiblaidd a daeth enwau megis Gasa, Beer-Seba a Jopa yn enwau cyfarwydd i ni. Clywsom am drigolion y wlad, yr Arabiaid, a'u ffordd o fyw gyda'u camelod a'u geifr ac am arweinydd newydd a ddaeth i'r amlwg, sef T E Lawrence a aned ym mhentref Tremadog.

Ym mis Rhagfyr 1917 meddiannwyd dinas Jerwsalem gan y Cadfridog Allenby, oedd yn arwain lluoedd y Cynghreiriaid, gyda help Lawrence o Arabia ac Yncl Edwart! Hon oedd y fyddin Gristnogol gyntaf yn Jerwsalem ers saith canrif.

Difyr dros ben oedd y gwyliau ym Mynydd Llandegai ac mae atgofion melys yn parhau yn fy nghof o hyd.

Moel y Don

Cyn i'r ysgol ail-ddechrau ar ôl gwyliau'r haf, rhaid oedd i ni'r plant gael tro neu ddau i Moel y Don ar lan y Fenai. Diwrnod mawr oedd hwn i ni'r plant. Roedd cryn waith paratoi gogyfer â'r siwrnai o ddwy filltir a hanner union o Landdaniel i Foel y Don. Roedd gan Mam anferth o goets fawr efo olwynion bron cymaint, a digon tebyg o ran siâp i'r goets y bydd y Frenhines yn cael ei chludo ynddi mewn rhwysg a bri i ryw ddefod bwysig. Roedd yn llai o faint ond eto yn ddigon mawr ar gyfer y teulu i gyd i gael picnic: dwy neu dair torth fawr o fara, menyn, te, siwgr, llestri bwyta a llond basged wiail fawr o ffrwythau a theisennau. A digon o le wedyn i ddau o'r plant ieuengaf eistedd yn gyfforddus ynddi. Byddai sawl teulu o Landdaniel yn cyrchu i Foel y Don yn enwedig ar brynhawn Sadwrn pan gynhelid y Regata – rasys cychod hwyliau o Fiwmares i Gaernarfon ac yn ôl. Pleserus a diddorol iawn oedd gwylio'r ymrysonfa gychod yn mynd heibio.

Ar ôl chwarae ar y traeth am sbel, aem ati wedyn i gasglu cocos a chrancod tra'r oedd yn drai. Roedd gofyn bod yn ofalus a gwylio ein bod yn dod oddi ar y traeth cyn i'r llanw ddod i mewn achos buan iawn y buasem yn cael ein hamgylchynu gan y môr. Caed hanesion aml am rai yn boddi ar lannau'r Fenai. Cofiaf yn dda am un o'm cyfoedion ysgol ac un o'm ffrindiau pennaf yn boddi ym Moel y Don. Digwyddodd y trychineb ar brynhawn Sul Gŵyl y Banc 1935. Ychydig ddyddiau ynghynt roeddwn innau a dau hogyn arall gyda Dewi yn ymdrochi yn y fan lle digwyddodd y trychineb. Cafodd Dewi ei dynnu o danodd gan y cerrynt cryf.

Tua thri o'r gloch y pnawn ymunai fy Nhad â ni; doi ar gefn ei feic fel arfer. Ei orchwyl cyntaf fyddai gosod cerrig a chynnau tân bach i ferwi dŵr i wneud diod o de. Eisteddem ni'r plant o amgylch Mam a'r fasged fwyd i gael ein cyfran ohoni. Buan iawn y byddai'r fasged yn wag a ninnau wedi mwynhau gwledd flasus dros ben. Atgofion melys iawn sydd gennyf am ddigwyddiadau ac achlysuron a mwyniant y dyddiau gynt. Pethau digon syml, mae'n wir, o'u cymharu â golud a llawnder yr oes heddiw. Ac mae gennym le mawr i ddiolch i'n rhieni am ein diddanu ac aberthu llawer er ein mwyn. Erys yr hwyl a'r helynt yn fyw iawn yn fy nghof.

Siopau'r Pentref

Pan oeddwn i yn hogyn roedd yna bump o siopau yn y pentref, yn gwerthu bwydydd rhan fwyaf. Yn ogystal, roedd Gweithdy Crydd, Efail y Gof a Gweithdy Teilwriaid.

Siop Post

Mr a Mrs Thompson dw i'n eu cofio yn cadw'r siop. Siop post, fel y'i gelwid gan bawb, oedd y siop fwyaf ac yn gwerthu bron bob dim: bwydydd, dilladau, celfi at iws tŷ, offerynnau gogyfer amaethyddiaeth, esgidiau, clocsiau ac yn y blaen.

Siop Newydd

Mrs Jones a Miss Jones dw i'n eu cofio yn Siop Newydd ar sgwâr y Pentref drws nesaf i Gapel Preswylfa M.C. Yn Siop Newydd ceid y dewis gorau o dda-da, melysion a hefyd bwydydd o bob math. Braidd yn sych a dim llawer i'w ddweud wrth blentyn oedd y ddwy.

Siop a Becws y Fron

Roedd Siop y Fron tua dau gan llath o sgwâr y pentref i gyfeiriad y stesion. Mr a Mrs Williams oedd y perchnogion. Roedd hi hefyd yn siop groser. Roedd ganddynt ffwrn fawr, popty, i grasu bara a theisennau. Roedd sôn am fara cartref a bara brith y Fron, a chanmoliaeth gan bawb. Pobl glên iawn a phob amser yr un fath.

Gatward Stores

Wedyn siop arall oedd y stôrs, ychydig gamau o fynedfa'r Eglwys. Fe'i gelwid yn Gatward Stores gan mai Gatward oedd enw'r perchnogion. Saesneg oedd eu hiaith, ond yn medru siarad sbel o Gymraeg – teulu bonheddig. Byddai cloch yn canu pan agorid drws y siop gan gwsmer, er mwyn i Mrs Gatward wybod fod rhywun yn dod i mewn. Gan eu bod weithiau mewn rhannau eraill o'r tŷ, buasai'n anodd iddynt glywed eu dyfodiad heb y gloch i'w rhybuddio. Roedd gofyn iddynt ddod reit sydyn ar ôl caniad y gloch neu buasai'r jariau mawr gwydr oedd yn dal y da-da melysion ar y seld, ac mewn cyrraedd i rai o'r hogiau helpu eu hunain, yn llawer gwacach eu cynnwys oherwydd yr aml llond dwrn a aeth i bocedi'r hogiau.

Siop Sil

Y siop bellaf o sgwâr y pentref oedd un Miss Sil Jones. Roedd hon ger stesion y Gaerwen ond yn dal ym mhlwyf Llanddaniel. Siop fechan oedd hon yn llawn o nwyddau a dewis da ac amrywiaeth o wlân nyddu.

Wel, mae hi'n syndod sut roedd y pum siop y soniais amdanynt yn llwyddo i wneud bywoliaeth ynte!

Gweithdy Crydd

Fel y nodwyd ynghynt, roedd 'na hefyd yn y pentref weithdy crydd, Victoria House, ac yno y byddai John Parry yn gwadnu a sodlu sgidiau. Roedd yn grydd medrus iawn. Pan fyddai gwadnau sgidiau wedi gwisgo yn rhy ddrwg i'w trwsio a'r cefnau lledr mewn cyflwr eithaf da, medrai John Parry roddi gwadnau pren arnynt, a dyna i chi bâr o glocsiau fel newydd. A dyma'r clocsiau a fyddai ar fy nhraed i yn mynd i'r ysgol drwy gydol y gaeaf. Be well i gadw'r traed yn gynnes. Byddai Mam yn eu hiro efo saim gwydd yn aml cyn mynd i'r ysgol er mwyn cadw'r lledr yn ystwyth a'r dŵr allan.

Cof da sydd gennyf am y cwpwrdd pren mawr a oedd yn y gweithdy. Mi oedd hwn yn siop fach ynddo'i hun. Yn hwn cedwid pedolau sgidiau dur, hoelion, careiau lledr, morthwylion, dwbin i ireiddio lledr a, choeliech chi fyth, pacedi creision, poteli Vimto a baco Amlwch! Os byddai gennyf ychydig o bres i'w wario, ac anaml y byddai hynny, at y crydd y byddwn yn mynd am baced o greision a photel o Vimto a chael eistedd ar y fainc i'w bwyta a gwylio John Parry wrth ei waith. Codai binsiad o hoelion o'r tun a'u rhoi yn ei geg, yna eu tynnu'n ofalus bob yn un ac un rhwng ei fys a'i fawd a'u waldio i'r wadn lledr.

Tua dechrau'r tridegau, roedd cwmni bysys U.N.U. (cyn i Crosville ddod) wedi dechrau rhedeg trwy Llanddaniel i godi teithwyr am Fangor neu Gaergybi. Roedd John Parry yn eu casáu â chas perffaith. Honnai y gallai arogli'r mwg *exhaust* filltir i ffwrdd ac nid amheuais y gosodiad 'chwaith. Codai ar ei draed yn sydyn i fynd i gau'r drws a'r ffenestr. Rhyw lathen go dda oedd rhwng y bws a'r ffenestr, pan oedd yn pasio a medda fo, "Mae diawlad Gehena yn dwad i chwythu eu gwenwyn a'u budreddi," gan eu melltithio. Byddai yn torri gwynt wedyn, ac meddai, "Wyt ti'n gweld, Ifan, effaith y mwg gwenwynig o'r *exhaust*, a'u bai nhw ydi o am y gwynt ofnadwy 'ma!" Buasai'r hen grydd yn aelod blaenllaw o'r Blaid Werdd heddiw!

Efail y Gof

Lle arall prysur iawn yn y cyfnod hwnnw rhwng 1930-34 oedd Efail y Gof. John Jones oedd y gof, a hefo fo gwnaeth fy Nhad ei brentisiaeth. Bu yn gweithio iddo am sawl blwyddyn wedyn. Mae traddodiad gofaint yn gryf yn fy nheulu i. Gof oedd fy nhaid, sef Tad fy Mam. Ifan Griffith oedd ei enw, a chefais innau fy medyddio gyda'r un enw. Roedd gan fy Nhaid chwe brawd a gofaint oedd pob un ohonynt a gefail gan bob un ar hyd a lled Sir Fôn a rhan o Sir Gaernarfon. Gof hefyd oedd 'fewyrth Robert, mab Ifan Griffith, brawd Mam yng Nghaergybi. Soniais amdano ef o'r blaen, pan fyddwn yn treulio ychydig wyliau yno.

Ambell dro, os byddai hwyl go dda ar John Jones y Gof, cawn ei wylio'n trin yr haearn eirias ar yr engan ac yn pedoli ceffylau. Dw i'n cofio unwaith i Ifan Tŷ'n Brwyn a finna fynd ato i ofyn iddo wneud olwyn haearn tua llathen ar ei draws, a bach a thro ar ei waelod i fachu yn yr olwyn i'w lywio a'i stopio.

Aethom ein dau yn ôl i'r efail ymhen rhyw wythnos i holi a oedd y cylchoedd yn barod. "Dim wedi cael amser," oedd yr ateb, a dim rhyw hwyl rhy dda ar yr hen begor 'chwaith. Ifan a minnau yn rhyw dindroi o gwmpas drws yr efail, a meddai wrthym, "Ffwrdd â chi oddi ar y ffordd. Ewch i hel mwyar duon a myshrwms a dowch yn ôl pan fyddwch wedi llenwi eich piseri." A hitha yng nghanol y gaeaf oer!

Aethom draw i'r efail yr eildro a'r ddau olwyn yn barod i ni a'n siomiant y tro cyntaf yn troi'n lawenydd. Swllt oedd pris y cylch a'r bach, sy'n gyfwerth â phum ceiniog heddiw, ac heb os nac onibai yn werth pob dimau. Cawsom oriau lawer o hwyl wrth redeg milltiroedd hefo'r cylch. Mae plant heddiw yn colli llawer o hwyl felly heb wybod am y chwaraeon hyn. Ond hwyrach y buasai lonydd heddiw yn rhy beryglus.

Mae gennyf yn fy meddiant efail pedoli a gafodd fy Nhad yn anrheg gan yr hen of ar achlysur ei briodas. Mae o wneuthuriad cywrain iawn, wedi ei wneud ganddo fo ei hun wrth gwrs. Mae yn mesur 14 modfedd a thipyn o olion gwaith arni ond yn sownd fel cloch ac yn addurn ar unrhyw garreg aelwyd.

Cloth Hall

Roedd cryn brysurdeb yn y Cloth Hall fel y'i gelwid hi yn nechrau'r ugeinfed ganrif ac ymlaen hyd at tua 1939. Y siop oedd ar y llawr isaf a'r gweithdy teiliwr i fyny'r grisiau. Roedd yn glamp o dŷ mawr. Clywais fy Nhad yn dweud ei fod yn cofio pedwar dyn yn gweithio yno, dau deiliwr a dau dorrwr brethyn (*cutters*) fel y'u gelwid, ac yn cofio fod un ohonynt yn arfer mynd yn y gert a'r ferlen o amgylch y ffermydd i fesur y cwsmeriaid am siwt neu drowsus melfaréd newydd. Byddai yno ddigonedd o ddewis brethynnau o bob math – cofio gweld yr enw *Homespun*, brethyn cartref, ar rai ohonynt.

Mr Robert Roberts oedd enw perchen y busnes. Rhyddfrydwr rhonc a dyn Megan Lloyd George i'r carn. Byddai yn dadlau achos rhyddfrydiaeth yn frwdfrydig, yn enwedig amser lecsiwn a chred rhai o drigolion Llanddaniel fod hynny wedi bod yn achos iddo golli llawer o'i gwsmeriaid oherwydd ei fod mor benboeth, medden nhw! Boed hynny fel y bo, roedd Robert Roberts, Cloth Hall, yn deiliwr ardderchog.

Cof da gennyf, pan oeddwn yn bedair ar ddeg oed, i fy Nhad

archebu siwt tri darn i mi gan Mr Roberts. A dyma fo yn dwad un diwrnod i'm cartref, Drogan, hefo'i bwn o samplau brethyn, i fesur yn fanwl. Siwt trowsus llaes oedd hwn i fod. Trowsus cwta a wisgid pryd hynny hyd at bedair ar ddeg oed, a siwt dydd Sul oedd hwn i fod.

Ymhen rhyw bythefnos doi y teiliwr yn ôl hefo'r siwt mewn pinnau ond heb ei gwnïo i fyny eto, hyn er mwyn gwneud yn saff ei bod yn ffitio'n iawn. Wedyn y peth nesaf oedd galwad i ddweud fod y siwt yn barod, a honno'n ffitio fel blwch ac yn eithaf rhesymol ei phris, o gofio'r gwaith a'r amser a aeth i'w gwneud – chwe phunt os wyf yn cofio'n iawn – a chyda cynnig talu bob mis amdani ar gael.

Wel dyna bwt am hanes y pum siop a'r tri gweithdy oedd yn ffynnu yn y tridegau, heblaw am y dyn glo, y dyn llefrith a'r cigydd fyddai yn galw yn y tai i werthu eu nwyddau.

Rhaid sôn am un neu ddau arall oedd yn achos chwilfrydedd llwyr i mi yn yr amser hynny. Pan oedd yn dymor cocos, deuai dyn o Niwbwrch, Harri y Grug a'i feibion, fel y clywais eu galw, o amgylch i werthu cocos. Cychwynnai o ben lon Niwbwrch ar doriad y wawr â llwyth o gocos, cymaint ag y medrai'r ferlen fach ei dynnu, gan weiddi 'Cocos' nerth esgyrn ei ben pan fyddai'n agosáu at y pentrefi. Roedd yn chwe milltir o ben lôn Niwbwrch i Landdaniel ac roedd wedi ei gerdded bob cam. Mae'n siŵr ei fod wedi gwerthu i gwsmeriaid yn Dwyran a Brynsiencyn, hynny ydi i'r bore-godwyr, cyn cyrraedd Llanddaniel. Prynai Mam lond dysgl enamel fawr. Ar ôl cael pryd neu ddau ohonynt âi ati i biclo'r gweddill, poteidiau yn rhes ar y seld.

Gyda'r hwyr gwelid y dyn cocos yn dychwelyd yn ôl am Niwbwrch ar hyd yr un ffordd, heibio tŷ ni ac wedi bod cyn belled â'r Borth a Bangor ac wedi gwerthu'r cocos i gyd. Gan fod y cert yn wag, roedd yntau yn cael eistedd ynddi a chael ei gario adref gan y ferlen fach, y ddau wedi blino'n llwyr ar ôl y daith hirfaith o tua ugain milltir.

Cymeriad arall a alwai heibio yn ei dro gyda'i bwn ar ei gefn oedd Washi Bach. Hen gardotyn diniwed a chwrtais oedd yr hen Washi Bach, yn ôl yr hen draddodiad. Top côt laes at ei draed, ei bwn ar ei gefn a phiser te yn sownd wrth ddarn o gortyn. Chlywyd erioed iddo ofyn am bres gan neb. Byddai Mam bob tro y deuai heibio yn gwneud pryd o fwyd a llond ei biser o de iddo. Byddai yn diolch llawer gwaith trosodd, "Thanciw mawr, Mam Bach," a chyn ffarwelio estynnai ddyrnaid o *mothballs* o'i focs a'u rhoi i Mam gan ddiolch eto yn foneddigaidd.

Ymwelydd arall rhamantus oedd Joni Nionod wedi dod ar draws y môr o Lydaw ac roedd yn cael ei gyfrif yn gefnder i ni'r Cymry. Cofiaf nhw yn dod ar eu beiciau yn llwythog o nionod blasus wedi'u rhaffu yn wahanol faint, ac yn amrywio yn y pris wrth gwrs. Cerddent hefyd filltiroedd drwy'r gwynt a'r glaw i werthu'r nionod, ac roedd fy mam yn gwsmer eithaf da. Cofiaf hi yn dweud mai nionod melyn oedd y mwyaf blasus, ond byddai'n prynu math arall o nionod oedd yn well am gadw drwy'r gaeaf.

Pan fyddai yn amser penwaig, ac mae amser i bopeth dan yr haul, deuai gŵr o Foelfre o'r enw Jabas (felly y clywais ei alw pan oeddwn yn hogyn) i werthu penwaig, llwyth o benwaig ffres mewn casgenni. Honnai y gwerthwr mai penwaig Moelfre oedd y gorau yn y byd. Bloeddiodd nerth esgyrn ei ben: "Penwaig, penwaig, penwaig, newydd ddod o'r môr, cefnau fel ffarmwrs a boliau fel tafarnwrs." Cofiaf yn dda gweld y gwragedd yn dod o'r tai a'r dysglau yn eu dwylo i brynu. Dw i'n cofio unwaith i gymdoges o Saesnes (doedd 'na ond un neu ddwy ohonynt yn byw yma bryd hynny) yn gofyn o ddifrif, "Is he selling penknives?", a Mrs Penknife fuo hi wedyn gan yr hogiau 'mewn hwyl'.

Y Capel

Soniais eisoes am y siwt newydd. Siwt dydd Sul a dydd Sul yn unig y gwisgid hi heblaw am y Gymanfa a ballu. Dillad parch y gelwid hynny yn yr hen amser.

Cefais fy magu ar aelwyd grefyddol a diolch am hynny, ac roedd gan fy rhieni barch mawr i'r Eglwys a'i hordiniadau. Cefais bob cefnogaeth ganddynt i fynd i'r Capel, ac yn wir nid ein cefnogi a'n hanfon i'r cyfarfodydd yn unig a wnaent, ond dod yno gyda ni. Capel Preswylfa M.C. oedd ein capel ni; hon oedd eglwys ieuengaf dosbarth y de. Sefydlwyd hi ym 1910 ac yn ôl yr hanes bu peth anniddigrwydd gan rai o drigolion y pentref, gan ddadlau fod yr Eglwys Wladol yma yn barod a chapel nobl hardd yr Annibynwyr, sef Capel Cana (1906), ac nad oedd galw am addoldy arall.

Ond mynnai'r Methodistiaid Calfinaidd, y rhai oeddynt ar y pryd yn gorfod mynd i'r Gaerwen i addoli, mai'r ateb oedd bwrw i'r gwaith ac adeiladu. Ac felly y bu. Roedd ambell un o'r gwrthwynebwyr yn ddig iawn am hyn ac ar y diwrnod agoriadol, bu taflu tywyrch at y saint Methodistaidd. Deg ar hugain oedd rhif aelodaeth yr eglwys ar y cychwyn gyda deg o blant, a buan y gwelwyd yn hanner cant o aelodau.

Ymhen ychydig daeth Preswylfa yn daith bregethu'r Sul gyda Horeb, Brynsiencyn, gyda'r Gweinidog, y Parch J E Hughes B.A. B.D. yn gofalu amdanom hyd ei farwolaeth ym 1959. Gweinidog da a gofal mawr ganddo dros ei braidd. Dadorchuddiwyd cofeb iddo – rhodd eglwysi ei ofalaeth, Horeb Brynsiencyn a Preswylfa Llanddaniel – gan ei fab J Medwyn Hughes.

Gwir a ddywed y gofeb:

Trwy ei allu, ei ymroddiad, ei unplygrwydd enillodd iddo'i hun radd uchel fel pregethwr, bugail, llenor crefyddol, a chynghorydd eglwysig.

Braint oedd cael bod dan ei weinidogaeth. Roedd y capel yr amser hynny yn ganolbwynt diwylliannol a chymdeithasol a llawer noswaith o weithgarwch ynghlwm wrth y lle. Ddydd Sul am ddeg o'r gloch cynhaliwyd Ysgol Sul i blant ac oedolion gyda phedwar dosbarth. Yn y prynhawn am ddau, pregeth gan weinidog oedd yn pregethu ym Mrynsiencyn yn y bore. Yna am chwech yr hwyr, cyfarfod gweddi bob yn ail â phregeth gan bregethwr cynorthwyol fel arfer.

Ar ôl oedfa'r nos byddai'r mwyafrif yn aros ar ôl i ymarfer canu dan arweiniad Hugh Pritchard neu Hugh Roberts ac ambell dro cynhelid seiat. Galwai'r blaenor a fyddai yn cyhoeddi ar i ni blant ddod i lawr i ddweud adnod a disgwylid i ni ddysgu adnod newydd i'w hadrodd. Weithiau pan ddoi yn dro i mi ddweud fy adnod, roedd wedi mynd yn angof, ac yna deuai "Cofiwch wraig Lot" yn hwylus iawn i'r adwy.

Dw i'n cofio'n iawn ddosbarth y babanod. Mrs Owen, Carregddyfnallt oedd yr athrawes gan ddysgu'r A.B.C. a Rhodd Mam i ni a hynny yn iaith ein Mamau. Credaf mai'r Ysgol Sul a wnaeth y diwrnod gorau o waith o holl wasanaethyddion Cymru; ymdrafferthodd i ddysgu plant y werin Gymreig i ddarllen yn eu hiaith eu hunain. Addysg grefyddol a Christnogol, wedi'i sylfaenu ar lyfr y llyfrau, y Beibl. Mae dysgu yn ifanc fel cerfio ar gerrig. Mae dysgu yn hen fel ysgrifennu ar dywod.

Cawsom lot o hwyl hefyd, yn enwedig ar y trip ysgol Sul. Rhyl neu Llandudno oedd dewis y plant, digonedd o lefydd i gael hwyl, difyrrwch, a miri i wario ein pres i gyd.

Byddai chwiorydd yr eglwys yn gwneud te parti mawr yn yr haf, ac os byddai'r tywydd yn braf, oddi allan ar y glaswellt y mwynheid y wledd ar fyrddau yn llawn o ddanteithfwyd.

Y Cyfarfod Gweddi

Mae cof da gennyf am yr hen weddiwyr. Mae'r cof yn dal gafael mewn rhai pethau, gan ollwng eraill i abergofiant. Y Blaenoriaid cyntaf a ddewiswyd oedd Owen Griffith, Hen Fuarth, Robert Owen, Carregddyfnallt, William Hughes, Parciau, Hugh Pritchard, Tŷ Gwyn a John Roberts, Tŷ'r Defaid – gweddïwyr gydag eneiniad. Dw i'n cofio gofyn i Nhad wrth i mi deimlo'r amser hynny, er mai hogyn bach oeddwn, fod yna rhywbeth arbennig yn perthyn iddynt pan fyddent ar eu gliniau yn cyfarch Gorsedd Gras. "O mi ddeuda wrthat ti, Ifan," meddai, "plant y Diwygiad ydynt wedi cael tröedigaeth yn ystod diwygiad 1904-05 Evan Roberts." Ac yna âi ymlaen i ddweud yr hanes fel y bu i rai ohonynt a oedd yn eu hadnabod yn iawn cyn y tro ac yn byw bywyd digon anystyriol, newid er daioni ar ôl bod yn gwledda ar arlwy yr Ysbryd Glân ac wedi parhau felly i'r diwedd ynghlwm wrth gerbyd yr Efengyl.

Doedd fferm Carregddyfnallt ddim ond lled cae o'm cartref. Robert J Owen oedd yn ffarmio yn agos i ddeugain erw o dir da a ffrwythlon. Pan oeddwn yn hogyn ysgol ac wedyn, byddwn yn cael gwaith i garthu cytiau'r moch a'r ieir gan Mr Owen, chwynnu rwdins yn y gwanwyn, a helpu yn y cynhaeaf gwair yn yr haf. Dw i'n meddwl i mi sôn ynghynt y byddai Mam yn mynd i helpu Mrs Owen gyda'r gwaith tŷ ac allan hefyd pan oedd y ddwy ferch, Sian a Mair, yn fach.

Ond dyma sydd gennyf i'w ddweud. Roedd gan Mr Owen fuwch odro i'w gwerthu, a threfnodd iddi fynd hefo gwartheg eraill o Dŷ Gwyn, lle roedd ei frawd-yng-nghyfraith Hugh Pritchard yn amaethu. Fy Nhad oedd yn gyfrifol am fynd â nhw i'r arwerthiant ym Mhorthaethwy a finnau'n rhyw lefnyn tua phedair ar ddeg oed yn helpu i'w gyrru. Cerddasom bob cam wrth gwrs yr amser hynny, pellter o thua pum milltir o ffordd.

Wrth gychwyn o'r buarth meddai Mr Owen wrth fy nhad, "Gwranda Owen, dw i am dy siarsio i ti ddweud cyn dechrau wrth yr arwerthwr Mr Mackenzie fod gan y fuwch gast o roi cic sydyn wrth gael ei godro, yn enwedig wrth gael ei godro gan rywun dieithr iddi, ac o'r herwydd, fod eisiau cymryd gofal." Wel, mi oedd pris y fuwch yn gostwng yn syth bin hefo'r wybodaeth yna. Ond un fel 'na oedd Robert Owen, dyn da, doeth a chydwybodol, Cristion cywir. Mae Alafon yn ei gerdd i'r Hen Fron'r Erw yn dweud yn gyffelyb:

Anair i'w anifail roddai
Yn y ffair
Pob canmoliaeth a ddiffoddai
Gyda'i air.

Pan oedd yn ddyn canol oed collodd Robert Owen ei olwg. Aeth yn hollol ddall, ond buan iawn y dysgodd ddarllen *Braille*. Cofiaf i mi lawer gwaith ei weld yn darllen ei Feibl Braille pan fyddwn yn mynd i Garregddyfnallt i nôl llefrith i Mam.

Galwai fi i mewn i'r tŷ. Roedd ganddo bob amser stori fach i'w dweud, a honno'n werth ei chlywed. Gwrandawai lawer ar y radio a gwyddai am helyntion gwledydd y byd i gyd. Cerddai i'r capel ei hun, gyda'i ffon wen, pellter o tua chwarter milltir o'i gartref. Medrai ffeindio ei ffordd i'r sedd isaf i'r chwith o'r pulpud. Weithiau cymerai ran arweiniol, lediai emyn, adroddai bennod o'r Beibl o'i gof, ac yna âi ar ei ddeulin i gyfarch Gorsedd Gras.

Mynd i'r capel er y blinder,
Fynnai ef;
Ac ni chlywyd sŵn gerwin
Yn ei lef.

Roedd gennyf feddwl mawr ohono a braint oedd ei adnabod.

Wel, dyna ddwyn i gof rai atgofion bore oes am y capel a'i ddylanwadau, ond cyn tewi, fel y soniais o'r blaen, cadeiriau oedd i eistedd arnynt ym Mhreswylfa. Clywais ambell i bregethwr yn cyfeirio atynt gan ddweud ei fod yn ei chyfrif yn fraint i gael pregethu am y tro cyntaf mewn Eglwys Gadeiriol.

Pan oeddwn yn blentyn "Cwt Nico" oedd y llysenw gan ambell un maleisus ond darfododd hynny gyda threiglad amser.

PENNOD 7

Y Sgolarship a Dechrau Gweithio

Daeth yr amser i sefyll arholiad i gael mynediad i'r ysgol Sir yn Llangefni. Bu Mr Rogers yr ysgolfeistr yn ceisio ei orau glas i'n dysgu gogyfer yr arholiad. Pan ddaeth y canlyniadau, dw i'n cofio fod marciau Ifan Tŷ'n Brwyn, fy nghyfaill, a minnau yn union yr un fath. (Dw i ddim yn cofio erbyn hyn faint oeddynt). Ond doedden nhw ddim yn rhai uchel iawn, ond eto'n cyrraedd y gofynion o rhyw fymryn bach i gael mynediad i'r Cownti Sgwl fel y byddem yn dweud a thalu rhyw gymaint o bres. "Could have done better," oedd sylw Mr Rogers.

Wel, teulu bach tlawd oeddem ni a'r pres yn brin. Roedd Jeni fy chwaer, oedd yn hŷn na mi, eisoes yn ddisgybl yn Ysgol y Sir Llangefni ac roedd yn dipyn o aberth ar ran fy rhieni i gadw un plentyn yn y Cownti heb sôn am ddau. A dweud y gwir, doeddwn innau ddim eisiau mynd yno 'chwaith a hynny am fwy nag un rheswm. Cyrhaeddais ddosbarth saith yn Parc y Bont. Bu Mr Rogers yn fy nysgu hyd nes yr oeddwn yn bedair ar ddeg mlwydd oed ac yna daeth fy ngyrfa addysg i ben.

Llencyndod

Fel y soniais ynghynt, roedd na reswm arall. Roedd fy mryd ar fynd yn chwarelwr yr un fath â Henry, fy mrawd, oedd yn agos i wyth mlynedd yn hŷn na mi, ac yn gweithio yn chwarel Dinorwig ers iddo ymadael â'r ysgol yn bedair ar ddeg mlwydd oed.

Clywais lawer o hanesion ganddo fel y byddai ef a llawer arall oedd yn gweithio yn y chwarel o Landdaniel yn cychwyn ar fore

Llun am hanner awr wedi pedwar ("cyn codi cŵn Caer"), cerdded i Moel y Don, cael cwch i'r Felinheli, yna cerdded bob cam i Penscoins i ddal trên bach y chwarel oedd yn cychwyn yn brydlon am chwech. Wedi cyrraedd y top, a dadlwytho, cerdded wedyn i'r Barics lle roeddynt yn byw am yr wythnos tan nos Wener. Balch iawn oedd pob un ohonynt i gael dadlwytho. Rhaid cofio fod ganddynt faich trwm i'w gludo ar eu cefnau, sef digon o fwyd am wythnos, dillad glân i'w roi ar y gwelyau, yn angenrheidiol oherwydd pla chwain fyddai yn eu poeni ar adegau.

Clywais hefyd adrodd am yr hwyl oedd i'w gael wrth gyd-fyw felly. Pob un â'i waith i'w wneud: cludo dŵr glân, hel priciau tân, golchi llestri, crafu tatws a glanhau. Fel rheol, yr hynaf oedd yr un fyddai'n codi gyntaf yn y bore i gynnau tân a berwi'r tegell. Mae'n fy atgoffa am y Kibbutz a welais yn Israel.

Wel wir, cefais fy swyno wrth glywed yr hanesion hyn gan fy mrawd, a doedd dim rhyfedd i mi ddyheu am gael ymuno â hwy, a minnau hefyd mor hoff o fywyd allan yn yr awyr iach, a'r gobaith rŵan oedd y cawn waith prentis reit fuan i ddysgu bod yn chwarelwr.

Ond ow! chwalwyd fy ngobeithion yn chwilfriw mân. Doedd Henry ddim am i mi fynd i weithio i'r chwarel, a dywedodd yn blwmp ac yn blaen, "Dydi'r chwarel ddim yn lle i Ifan ddŵad i ddechrau gweithio."

Eglurodd fy mrawd i'm Tad a'm Mam mor wael oedd amodau gwaith y chwarel ar y pryd, am y peryglon di-ri', ac yn bennaf am y llwch llechi melltigedig oedd yn afiach i'r ysgyfaint.

Wel, y fo oedd yn gwybod, gan ei fod wedi bod yn gweithio yn y chwarel am yn agos i wyth mlynedd, ac er lles ei frawd bach yn y pen draw y safodd yn erbyn i mi fynd. Wel dyna ben ar y gobaith o fynd yn chwarelwr. Bodlonais ar hynny er fy mod wrth gwrs yn siomedig. Doedd gennyf ddim arall mewn golwg ar y pryd.

Roedd gan Mam gefnder yn Rheolwr siop fawr ym Mangor. Thomas Lewis oedd enw'r busnes, siop yn gwerthu bwydydd gwraig tŷ a warws yn gwerthu bwydydd anifeiliaid ac yn ei ddosbarthu i ffermydd Môn ac Arfon. Gofynnodd fy Mam iddo tybed a oedd o angen hogyn i weithio yn y siop neu'r warws flawd. Dywedodd nad oedd lle ar y pryd, ond ei fod wedi clywed fod gan

Boots Cash Chemists (yr enw llawn bryd hynny) hysbyseb yn y *North Wales Chronicle* eu bod eisiau hogyn ifanc wedi ymadael â'r ysgol.

Ysgrifennais lythyr i ymgeisio yn ôl eu cyfarwyddyd gan roddi i lawr fy oed, ble roeddwn yn byw, pa ddosbarth oeddwn pan adewais yr ysgol ac yn y blaen. Ymhen ychydig ddyddiau cefais air yn gofyn i mi ddod am gyfweliad. Mr Williams, gŵr o Ddolgellau, oedd y rheolwr. Eglurodd y telerau: deg swllt yr wythnos oedd y cyflog i ddechrau, agor am 8:30, cau am 6:00 ac ambell dro ar agor tan 7:00. Yna wedi pwysleisio rhyw fân reolau, awgrymodd fod Llanddaniel braidd yn bell a gofyn (os cawn y gwaith) sut yr oeddwn yn bwriadu dod i Fangor bob dydd o Landdaniel, saith milltir a hanner o bellter. "Dim problem," meddwn, "mae gennyf feic ac wedi hen arfer beicio ers yn ddim o beth, a llawer pellach nag i Fangor."

"O'r gorau, cewch ddechrau ddydd Llun nesa' ar fis o brawf," meddai. Yn Gymraeg yr oedd yr ymgom i gyd. Ond sylwais mai Saesneg oedd Mr Williams yn siarad gyda'r staff. Cefais rywfaint o bres ganddo i gael paned o de a *sandwich*. "Cewch adael eich beic yn y cefn tra byddwch yn cael tamaid," meddai. Mwy na thebyg bod yr hen begor eisiau cael golwg ar y beic i weld sut gyflwr oedd arno.

Dipyn o hen sgrag o feic, fel byddwn yn ddweud, oedd o. Ffrâm, dwy olwyn, sedd, llyw, siaen a dim ond un brêc a dim un *mudguard*. Ond rhywsut mi basiodd yr MOT heb sôn mwyach. Ond anghofiais ddweud mai gan fy hen Brifathro, Mr T Rogers, y cefais dystlythyr ysgrifenedig gan fod y cwmni yn gofyn am un.

Mi gofiais fod caffi Robat Robaitsh yn uwch i fyny'r stryd fawr, nid nepell o safle'r Farchnad. Roeddwn wedi bod yna hefo Mam a'm chwaer bach Megan un tro. Cefais bryd bach o fwyd reit dda a digon o fara menyn, jam, teisen flasus a phot bach o de, y cwbl am swllt a naw, naw ceiniog o bres heddiw.

Buan y dois i wybod beth oedd fy nyletswyddau. Y tasgau cyntaf i'w gwneud oedd ysgubo'r lloriau a golchi ffenestr ffrynt y siop. Byddai dau ddiwrnod o bob wythnos yn cael eu neilltuo i gadw'r nwyddau fyddai yn dod o Nottingham ar y trên i orsaf Bangor, ac yn cael eu dadlwytho i wagenni mawr fyddai'n cael eu tynnu gan geffylau gwedd ac wedyn eu dadlwytho yng nghefn siop Boots.

Pan fyddai'n brysur yn y siop cawn fy ngalw tu ôl i'r cownter i wasanaethu cwsmeriaid ac ambell dro i gymysgu moddion at beswch, at anwyd a'r ffliw a'u potelu a glynu labeli (*Boots Cough Mixture*) arnynt dan gyfarwyddyd Mr Parry.

Fel y gwelwch, rhywbeth tebyg i beth mae'r Sais yn ei alw yn *Jack of All Trades* oeddwn, heb fod yn feistr ar un ohonynt. Naw oedd rhif y staff ar y pryd. Fy ffefryn i oedd Mr Llewelyn Parry M.P.S., oedd yn byw yn Orme Road, Bangor; brodor o'r de (Llanelli yn wreiddiol os cofiaf yn iawn) ac yn Gymro glân gloyw, ac yn siarad Cymraeg croyw. Bu'n gyfaill ac yn help mawr i mi o gofio mai hon oedd fy swydd gyntaf.

Wel, am y lleill. Dic Siôn Dafyddion oeddynt ac eithrio Miss Owen o Ffordd Caernarfon. Fe wna hi ymdrech ardderchog. Roedd gan Boots lyfrgell ym mhen draw y siop. Miss Ellis oedd y Llyfgellwraig. Dw i'n cofio y byddai Dr R T Jenkins, hanesydd a llenor, oedd ar y pryd yn ddarlithydd ar Hanes Cymru yng Ngholeg Prifysgol Cymru Bangor, yn galw yn y llyfrgell a phob amser yn stopio i ddweud rhyw air bach caredig wrth ryw lencyn bach di-nod fel fi. Ysgrifennodd beth wmbreth o lyfrau ar Hanes Cymru a rhoddai bwys mawr ar egwyddorion Cristnogol.

Gŵr arall a alwai heibio oedd yr Athro W Ambrose Bebb. Yntau gyda gair o gyfarchiad bob amser, a dyna yn wir y rheswm pam oeddwn mor hoff ohonynt, er nad oeddwn ar y pryd yn sylweddoli maint eu hathrylith. Erbyn heddiw gallaf ddweud fy mod wedi darllen rhai o'u llyfrau.

Cyfnither i mam oedd Anti Mary, 9 William Street, ac ati hi y cawn fynd bob dydd am ginio poeth. Bu Anti Mary yn garedig iawn wrthyf, ac ni wnaf fyth anghofio hynny.

Wel, fedra i ddim dweud fy mod yn hoff o weithio yn Boots, achos roeddwn yn gorfod bod i mewn o dan do yn ormodol, ac felly gadewais ar ôl cwta ddwy flynedd. Cefais waith ar fy union yn Thomas Lewis lle roedd fy ewythr yn rheolwr, fel y soniais o'r blaen.

Ennill beic

Tua'r cyfnod yma roedd fy chwaer Jeni yn gweithio yn Llandudno a dyma'r stori. Un diwrnod pan oedd yn siopa yn y dref gwelodd feic newydd sbon danlli yn ffenestr siop yn y stryd wedi'i orchuddio bron â chardiau sigarennau Kensitas. Roedd cwmnïau sigarennau yn rhoi cardiau gyda lluniau peldroedwyr, bocsars, ceffylau, llongau ac amryw fathau eraill a byddai llawer yn eu casglu a chael set ohonynt yn y diwedd. Wel, y gamp ynglŷn â'r beic oedd amcangyfrif faint o'r cardiau oedd yn gorchuddio'r beic, a'r sawl a fedrai ddyfalu'r rhif cywir neu yr agosaf ato, a fyddai'n ennill y beic. Llenwodd Jeni y ffurflen fach gyda'i chyfeiriad ac yn y blaen a rhoi amcan o 5,500 i lawr.

Daeth y diwrnod mawr i ddatguddio'r rhif cywir a enw'r enillydd. Daeth dyn pwysig o'r cwmni i gyflwyno'r beic i'r enillydd a manteisio hefyd i roi hysbyseb dda i sigarennau Kensitas ac annog pawb i'w smygu. Y rhif cywir oedd 5,555 a Jeni fy chwaer oedd yr agosaf a hi gafodd y beic.

Bu cryn gyffro a llawenydd mawr gan mai fy Nhad a minnau oedd am gael y beic ganddi. Gadawodd Jeni i mi wybod ei bod wedi ei bacio â chardbord a'i roi ar y trên yng ngorsaf Llandudno a'i gyfeirio i Gaerwen Station, Anglesey. Dw i'n cofio fy Nhad yn dod â'r beic adra, ac wedi diosg y wisg gardbord, roedd yn sgleinio fel swllt, a phawb yn canmol a diolch. Bu'r beic yn gaffaeliad mawr i'm Tad a minnau. Doedd medru fforddio prynu beic newydd ddim yn beth hawdd yn ystod cyfnod caled y tridegau, coeliwch chi fi!

Roeddwn i'n beicio i Fangor ar bob tywydd, haf a gaeaf, a chawn barhau i wneud hynny wrth weithio yn Thomas Lewis, a dal i fwynhau'r awyr iach a hefyd cwmni beicwyr eraill y dois i'w hadnabod oedd yn gweithio ym Mangor yr un pryd a minnau: T J Looms, Jos Evans a Marjory y tri o Frynsiencyn, John ac Elwyn o Lanfairpwll. Cwmni difyr a llawer o hwyl ar ein teithiau.

Cais am Swydd Newydd

Clywais ddywedyd nad oedd yn beth hawdd gweithio o dan feistr a hwnnw'n perthyn i chi; nid fod Yncl Hughes yn gas ond ei fod yn disgwyl mwy gennyf oherwydd y berthynas. Wel, felly y bu yn fy hanes i pan yn gweithio i gwmni Thomas Lewis & Co Ltd. Byr fu 'nhymor yno – dim ond ychydig wythnosau.

Gwelais hysbyseb yn y *North Wales Chronicle* am 'Youth shop assistant wanted with some experience in selling to customers. Apply to Landal & Grice, High Street, Bangor.' Mr a Mrs Grice oedd yn rhedeg y Railway Hotel; siop drws nesaf i'r Railway Hotel oedd hon ac yn gwerthu radios (oedd â mynd mawr arnynt yr amser hynny!) a beics. Mr Grice oedd prif asiant *Raleigh*, y cwmni gwneuthurwyr beics o Swydd Nottingham.

Tro Trwstan Difrifol

Pan roeddwn tua'r pymtheg oed digwyddodd tro trwstan drybeilig yn fy hanes, a allasai fod wedi bod yn angeuol. Dyma'r hanes wnaeth arwain at yr helynt.

Byddai fy Nhad yn cael saethu ar dir Tŷ Gwyn ac i lawr i'r Rhosydd. Cawsom ni'r plant brydau maethlon (o ffesant, petris, ambell i gwningen ac ysgyfarnog) wedi'u paratoi ar ein cyfer gan Mam ac wedi'u saethu gan fy Nhad. Roedd gan fy Nhad wn dau faril a chic fel mul ganddo pan fyddai yn ergydio, a byddwn yn cael ei gario ganddo ambell dro pan fyddwn yn cael mynd i'w ganlyn ar helfa. Byddai'r gwn yn wag wrth reswm, hyd nes y byddai fy Nhad yn barod i'w ddefnyddio.

Un diwrnod, gwelais drwy'r ffenestr haid o betris yn y cae ar draws y ffordd i'r tŷ. Meddyliais fy hun yn dipyn o ddyn ac y buaswn yn medru saethu rhai ohonynt efo gwn dau faril fy Nhad. Dim ond fy chwaer fach Megan oedd gartref ar y pryd, a mi roedd hi yn chwarae yn yr ardd trwy trugaredd.

Llwythais y gwn, sef rhoi dwy getrisen ynddo, a symud ymlaen i agor y drws i fynd allan, ond och! Bachodd fy mraich mewn cadair, taniodd y ddau faril gyda chlec fyddarol nes llenwi'r ystafell gan fwg glas. Roeddwn wedi fy syfrdanu, a phan giliodd y mwg ychydig, gwelwn olau dydd yn treiddio i mewn trwy dwll anferth yn y drws. Clywn lais Mrs Thomas drws nesaf yn gwaeddi "Ifan, dach chi'n fyw? O Ifan deudwch da chi'n fyw?" Neidiodd Mrs Thomas dros y wal gerrig ac i mewn ataf. Roedd wedi cynhyrfu'n arw iawn ac yn diolch i Dduw nad oedd neb wedi'i ladd. Cofiaf iddi wneud paned o de ac aspirin i mi. Wrth archwilio'r drws wedyn, ac mi oedd yn ddrws coed cryf, roedd y twll tua chanol y drws. Mae'n dda nad oedd Megan fy chwaer fach na neb arall yn sefyll y tu allan, achos mi roedd yr haels i'w gweld wedi suddo i mewn i bostyn giat oedd yn arwain i'r ardd, hwnnw tua dwy lath o bellter o ddrws y tŷ.

Wel, mi oeddwn i'n crynu yn fy sgidiau wrth feddwl pa gosb a gawn am y fath drosedd. Mrs Thomas yn ceisio fy nghysuro gan ddweud "Mi fydd eich Tad a'ch Mam yn rhy falch eich gweld yn fyw ac iach i feddwl am y gosb." A wir i chi, y hi oedd yn iawn trwy drugaredd.

Cefais gerydd llym gan fy Nhad am feiddio mynd yn agos i'r gwn heb sôn am fynd i saethu petris, gan fy atgoffa fod llong o'r enw Clio yn angori ar Afon Menai ac i'r llong yma y byddai plant drwg yn cael eu hanfon i wneud penyd.

Trwsiodd fy Nhad y twll yn y drws trwy dorri caead tun mawr (*Red Seal Toffies*) a'i hoelio i orchuddio'r twll, ac yna ei baentio'r un lliw â'r drws. Ac felly y bu am amser maith fel rhyw garreg goffa. Bu'n fythol wers i minnau.

Siop Mr Grice

Cefais gyfweliad hefo Mr Randal Grice, perchennog y siop a'r rheolwr, Mr Trefor Parry. Wedi clywed beth oedd y dyletswyddau a'r telerau gwaith ac wrth gwrs y cyflog, oedd yn hollbwysig, cytunais yn y fan a'r lle. Pymtheg swllt yr wythnos oedd y cyflog i ddechrau (75c heddiw). Teimlwn yn eithaf balch o hyn gan fod y cyflog yn codi ychydig o ris i ris. Deg swllt (50c) oedd y cyflog yn Boots, deuddeg swllt a chwe cheiniog (62½c) yn Thomas Lewis, a phymtheg swllt (75c) yn siop Grice. "Cewch ddechrau gweithio yma ddydd Llun, os dymunwch," meddai Mr Grice. Eglurais fy mod eisiau rhoi wythnos o rybudd i Messrs Thomas Lewis. "Iawn," meddai Mr Grice ac felly y bu.

Mwynheais y gwaith yn bur dda a chael eithaf hwyl ar werthu beics Raleigh, a radios Marconi a Philips, a hefyd roedd 'na stoc dda o fatris, offer beics ac ati gogyfer ag anghenion y cwsmeriaid a hefyd gwasanaeth trwsio beics. Medrai Trefor Parry drwsio radios a byddai llawer o'r cwsmeriaid yn dod â nhw i'r siopo i'w trwsio.

Wedi bod yn gweithio yno am tua chwe mis, mentrais ofyn i Mr Grice a oedd yn bosibl i mi gael codiad bach yn fy nghyflog. "I will look into the matter and have a word with the Manager," meddai. Wel, mae 'na obaith meddwn wrthyf fy hun. Y dydd Gwener canlynol, roedd 'na hanner coron yn fwy yn yr amlen tâl (87½c yn arian heddiw).

Prynu Beic Newydd

Penderfynais brynu beic newydd Raleigh. Roedd modd prynu beic yr amser hynny "ar y lab", sef ei gael rŵan a thalu eto – *hire purchase*. Y *never never* oedd ambell i hen wag yn ei alw.

Pris y beic oedd £4.19s.6d mewn hen bres. Wedi i Trefor Parry y rheolwr lenwi ffurflen a minnau ei harwyddo fy mod yn gaddo talu hanner coron yr wythnos, roedd y beic yn fy meddiant i. Ond mi oedd 'na gymal bach yn y telerau yn dweud fod gan y cwmni hawl i adfeddiannu'r beic pe bawn yn methu talu'r hanner coron yr wythnos. Da o beth i mi ofyn am ragor o gyflog, a llwyddais i dalu yn brydlon bob wythnos.

Y Dyledion

Gorchwyl arall ddim llawn mor bleserus oedd hel dyledion. Roedd hynny yn golygu mynd o amgylch y wlad yn galw yn y tai oedd wedi cael beics neu radios neu beth bynnag arall ac yn methu cadw i'r telerau talu; rhai ohonynt heb dalu 'run ddimau ers wythnosau.

Roedd Trefor Parry wedi bod yn gwneud rhestr o'r drwg-dalwyr, eu cyfeiriad a swm gweddill y ddyled yn barod i Mr Grice a minnau alw efo nhw. Dôi Mr Grice i'r siop a dweud wrthyf. "Get the car ready. Check the tyres, dŵr ac oil, mae'n ddydd Gwener. They may have the money, rhaid talu." Hyn oll yn hanner Cymraeg a Saesneg a'u galw'n pob enw yn Gymraeg. Roedd Mr Grice yn dipyn o gymeriad, gair garwaf yn flaenaf ganddo bob amser, ond calon feddal oedd ganddo hefyd.

Wrth sôn am hyn, cofiaf alw mewn tŷ yn ardal Llanddeiniolen. Roedd gwraig y tŷ wedi bod yn y siop ac wedi cael beic newydd Raleigh *three-speed* a dwy radio. Nid un ond dwy a heb dalu 'run dimau goch ers tri mis yn ôl y llyfr dyledion. "Dyma'r plan i wneud," medd Mr Grice, "stopio tua canllath cyn cyrraedd giat y tŷ rhag i Mrs Jones glywed swn injan y car. Dos rŵan, I'll follow soon and be stern with her! The bitch!" Finnau'n mynd i lawr y llwybr tuag ugain llath at y tŷ.

Y drws yn agor ar ôl curo am sbelan. Ar ôl ei cyfarch, "Pnawn da

45

Mrs Jones" ac yna *"representative* siop Mr Grice ydw i" "Duwcs be 'di hwnnw deudwch?" meddai. Trio wedyn. "Hel pres," ac estyn y llyfr cyfrifon o'm poced.

"O 'ngwas bach i, mi dalai pan ddaw pethau'n well. Mae hi wedi bod yn amser caled arnom, amser gwael yn y chwarel," ac yn yr un gwynt, "a lle ydych chi yn byw? Da chi ddim o Fangor?" "O Sir Fôn," meddwn.

"Wel, un o'r hen sir ydw innau hefyd, fachgan!" Y cwestiwn nesaf, "Hefo be ddaethoch chi yma?" gan daro'i phen allan drwy'r drws. "Da chi ddim yn dreifio car debyg?" Ar hynny gwelodd y car.

"Pwy sy'n eistedd yn y car?" gofynnodd. "Y Bos, Mr Grice," meddwn gan obeithio y buasai hynny yn tycio ac y cawn rhywfaint o bres gan Mrs Jones, ond i'r gwrthwyneb yn hollol. Dim pres ond cwestiwn ar ôl cwestiwn.

Estynnodd am grafat pen oedd ar hoel tu mewn i'r drws a'i lapio am ei phen, gan ddweud: "Duwcs, hogyn, mi ddoi at y lôn efo chi i weld Mr Grice." Wel mi fydd yna le rŵan tybiais!

Wel, gwarchod pawb dyma Mr Grice yn neidio allan o'r car gan estyn ei law i'w chyfarch: "Sut wyt ti, Mrs Jones bach? Keeping well I hope," yn glên i gyd, "and how is Mr Jones?"

"Wel dweud wrth yr hogyn 'ma, Mr Grice, amser mor galed ydi hi wedi bod. Yr hen chwarel 'ma, cyflogau gwael ers misoedd, ond mi gofiaf amdanach chi pan ddaw yr amser gwell arna i."

"Thank you, Mrs Jones, paid â phoeni," meddai Mr Grice, "next time, ta ta rŵan."

"Ta ta, Mr Grice. Cofiwch fi at Mrs Grice yn y Railway."

Wel fedrwn i ddim peidio chwerthin petai hynny yn golygu i mi gael sac yn y fan a'r lle. Y cwbl dddywedodd o oedd: "You were not stern enough with her, the bitch!"

Dw i'n cofio i Mrs Jones ddweud wrthyf mai Mr Grice oedd y cyntaf oll i lwyddo i reidio ei feic modur i ben y Wyddfa. Mae cofnod yn rhywle!

Soniais o'r blaen am y Railway Hotel oedd drws nesaf i'r siop yn cael ei rhedeg gan Mr a Mrs Grice. Daethant i benderfyniad i arallgyfeirio ac addasu'r siop feics a radios yn fwyty a gosod stôf fawr (*fish & chips*) yn y pen draw lle roedd y swyddfa yn arfer bod.

Cafodd Trefor a finnau gynnig aros i weithio yn y fenter newydd, ond doedd gwaith o'r fath ddim at ein dant, ac o'r herwydd gadawsom ein dau. Cawsom ein dau dystlythyr cymeradwyaeth gan Mr Grice gyda *To whom it may concern* ar dop y llythyr. Cafodd Trefor waith clarcio hefo cwmni twrneiod.

Byd y Peiriannau

Blynyddoedd caled oedd y tridegau ac anodd cael gwaith. O'r herwydd bûm ar y dôl am ychydig wythnosau, ond nid yn segur 'chwaith. Roeddwn yn gyfeillgar â gŵr o'r enw Hari Huws oedd yn byw yn Nhai Newydd, Llanddaniel yn y pentref. Byddai Hari yn cael caniatâd i ffureta cwningod gan ambell ffarmwr. Gofynnodd i mi a fuaswn yn hoffi mynd hefo fo. Neidiais at y cynnig a dyma lle buom ni am ddyddiau lawer ac yn cael hwyl eithaf da ar ddal efo dwy ffured a daeargi bach oedd gan Hari, a milgi sionc iawn oedd gan fy Nhad ar y pryd.

Yr amser hynny mi oedd gan Mr Harri Williams gwt helaeth ger stesion y Gaerwen, ac yn y fan honno y byddai'n prynu cwningod gennym ni a'n tebyg. Byddai yn eu pacio a'u rhoi ar y trên i fynd i'w gwsmeriaid yn Lerpwl a Manceinion.

Wrth fy modd

Diddorol dros ben oedd ffureta a chawsom aml i helfa dda. Ond o'r herwydd prinhau oedd y cwningod. Wel, beth nesaf? "Mynd dros y terfyn," medd Hari, i gaeau nad oedd i ni ganiatâd i ffureta. Potsio go iawn! Gadawsom gaeau Carregddyfnallt a Thŷ Croes ble cawsom ganiatâd, a throsodd â ni i gaeau Tŷ Mawr i botsio, ond doedd na ddim dinas barhaus i ni dros y terfyn. Gwelodd Mr William Thomas Tŷ Mawr ni ac anelodd amdanom. "Y cwningod yn y sach ar unwaith," medd Hari. Cafodd y ffured allan o dwll y gwningen a'i tharo yn ei boced, a dyna ei heglu hi am y lôn nerth ein traed.

Erbyn hyn roeddwn yn tynnu at y deunaw oed, ac awydd arnaf gael dysgu dreifio. Byddwn yn cael dreifio car Mr Grice o gwmpas yr iard tu ôl i'r Railway Hotel. Mae'n debyg mai hynny gododd yr awydd ynof.

Soniodd fy mrawd Henry (oedd yn dal yn Chwarel Dinorwig) wrthyf fod cyfaill a oedd yn gweithio yn yr un bonc â fo yn y chwarel wedi prynu lori i gludo nwyddau. "Dos draw i Ros y Bont, Brynsiencyn, a gofyn i Mr Hari Roberts – dyna yw ei enw – os oes arno eisiau gweithiwr."

Es ar fy meic ben bore cyn i Mr Roberts droi allan a chynnig fy ngwasanaeth. Eglurodd ei fod wedi cael contract i gludo brics o Gaernarfon i adeiladu tai cyngor ym mhentrefi Sir Fôn. Henry Jones, Rhosneigr oedd yr adeiladwr.

Cludo brics

"Mae'n waith caled," meddai "gwaith llaw i ddadlwytho bob un fricsen." Roedd hyn cyn bod sôn am balets coed a *forklift* i'w llwytho a'u dadlwytho. "Wyt ti'n meddwl y medri di wneud?" A finnau'n cofio fy mod o wlad y medrau. "Medra," meddwn ar ei ben.

"Rho dy feic yn y rhiwel. Byddwn yn cychwyn am saith o'r gloch." Ac felly y bu i mi gael bachiad yn syth bin!

Cofiaf yn dda y bore hwnnw fynd i'r gwaith brics i nôl y llwyth cyntaf. Wedi pwyso'r lori yn wag, mynd draw at yr odyn frics lle roedd dynion cryf cyhyrog yn rowlio berfeydd pwrpasol i gario brics at ochr y lori. Sylwais fod y dynion hyn yn gwisgo menyg lledr cryf am eu dwylo, a buan y dois i wybod pam, achos cyn diwedd y dydd mi roedd croen fy mysedd wedi gwisgo cymaint nes fod gwaed yn dangos. Euthum at John Parry'r crydd gyda'r nos a gwnaeth bâr o fenyg lledr ardderchog i mi.

Byddai galw mawr am y brics ar adegau, ac i gadw brics wrth ei gwaith adeiladu byddai'n rhaid mynd am lwyth neu ddau yn y nos. Cofiaf fynd i waith brics Peblig ar achlysur felly a dim brics wedi'u rhoi allan ar y platfform llwytho.

Hari a fi yn tynnu ein cotiau a'n crysau a mewn â ni i'r odyn a llwytho'r berfeydd ein hunain. Roeddem yn dod allan yn chwys diferol, achos y gwres ofnadwy y tu mewn. Y dyn oedd yn pwyso'r llwyth brics wrth i ni fynd allan o'r iard yn dweud mewn hwyl: "Cewch waith yma hogiau pan fynnoch!"

Cefais ddreifio'r lori pan oedd yn rhedeg yn wag lawer tro gan Hari, a bu hynny yn help mawr i mi pan ddaeth yn amser y prawf gyrru ym Mangor. Ni chefais wers gyrru car gan neb ond Hari Rhos y Bont. Cofiaf i mi hurio car gan ddyn o Frynsiencyn oedd yn rhedeg tacsis, dim ond am ddwy awr i fynd am y prawf i Fangor. Car diethr i mi na fûm ynddo erioed o'r blaen. Ond hyn sydd yn rhyfedd, llwyddais y prawf y tro cyntaf, ac yn sicr i Hari oedd y clod. Teimlwn yn falch dros ben, ac yn ddiolchgar hefyd.

Bu Hari yn amyneddgar iawn efo fi. Cofiaf un tro trwstan iawn. Mynd yn y bore bach, cyn iddi oleuo'n iawn, ac ar y tro cyn cyrraedd Dolfeirig ble roedd Mr Charli Lock yn byw, cedwais yn rhy agos i'r ochr a llithrodd y lori i'r ffos ddofn at ei hechel. Wel sôn am strach wedyn ei chael yn ôl ar le caled. Gorfod cael Mr J Williams, Star yno hefo'i lori i'w thynnu yn ôl ar y lôn. Yn sicr roeddwn yn haeddu cerydd llym. Y cwbl ddywedodd Hari oedd "Heb ddeffro'n iawn wyt ti yr hen ddyn."

Daeth llai o alw am frics fel oedd y tai yn mynd i fyny a'r gwaith adeiladu yn dirwyn i ben. Llwyddodd Hari i gael gwaith cludo glo a bwydydd anifeiliaid i ffermydd am gyfnod.

Cludo cerrig

Cefais innau waith hefo Cwmni Grey Motors, Bethesda am gyfnod. Roedd ganddynt lorïau tipio ac ar un o'r rheini cefais fynd i gludo cerrig wedi'u malu a tharmac o chwareli Penmaenmawr i ffyrdd Abergele, Llanddulas a Llanelwy. Mr Williams, Llanerchymedd, oedd piau'r busnes; Gryff, perthynas iddo, oedd y fforman. Dw i'n cofio fod pedwar dreifar lori arall yn dod o Sir Fôn fel finnau. Un o'r hen sir oedd y Bos, ac efallai fod hynny i gyfrif pam fod cymaint o hogiau Môn yn cael gwaith ganddo.

Cefais letya gyda'm chwaer garedig Alice a'i gŵr Emrys yn eu cartref yn Tan y Bwlch, Mynydd Llandegai, ryw bedair milltir o'm gwaith yn Llanllechid, lle roedd garej fawr i gadw'r lorïau a'u trwsio pan fydda angen.

Erbyn hyn roeddwn yn berchen beic modur *Royal Enfield*, wedi ei gael gan fy mrawd Henry. Roedd o wedi prynu *Norton*. Gallai fy mrawd drin a thrwsio unrhyw beiriant; gwelid darnau o beiriannau ym mhob man yn y garej. Bu'r *Royal Enfield* yn gaffaeliad mawr i mi fynd a dwad i'r gwaith gan mor serth yw'r gelltydd yn yr ardal fynyddig hon.

Roedd gan Mr Williams, y Bos, enw o fod braidd yn galed fel meistr. Disgwyliai i bob lori gludo pedwar llwyth o darmac neu gerrig ffordd bob dydd. Ond doedd hynny ddim yn orchwyl hawdd oherwydd rhaid oedd disgwyl weithiau am lwyth, a thro arall gan fod rhai o'r lorïau yn hen iawn, roeddynt yn dueddol o dorri i lawr ar y ffordd a gorfod cael mecanic i'w trwsio. Felly byddai'r amser yn prinhau i ni fedru cael pedwar llwyth y dydd.

Ar fore Sadwrn byddai'r lorïau i mewn yn y garej yn Llanllechid i gael gwasanaeth: olew, dŵr, newid teiar neu blygiau ac yn y blaen. Ar fore Sadwrn byddai Mr Williams yn y swyddfa yn talu i'w weithwyr am wythnos o waith cyn eu holi'n fanwl, yn enwedig os oedd y nod o bedwar llwyth heb ei gyrraedd. Daeth y contract o gludo tarmac i ffyrdd Clwyd i ben, a bu rhaid torri i lawr ar y gweithlu a sacio rhai o weithwyr Grey Motors.

Wern y Wylan

Cefais i a'r lori fynd i weithio ar ddarn o ffordd ger Gwesty Wern y Wylan, Llanddona; symud pridd a chario cerrig i wneud ffordd newydd. Byddwn yn nôl a danfon gweithwyr o Benmaenmawr bob dydd. Mr Williams oedd y fforman. Dyn nobl dros ben. Braf oedd cael gweithio hefo fo. Gyda llaw, fo oedd yn cadw y Goat Inn, Penmaenmawr. Mwynheais y gwaith yn fawr a dim angen rhuthro o gwmpas i gludo pedwar llwyth.

Ymhen tua chwech wythnos, os cofiaf yn iawn, daeth gwaith ffordd Wern y Wylan i ben. Gofynnodd Gryff y fforman i yrrwr o Lanerchymedd a minnau a fuasem yn hoffi cael wythnos arall o waith cyn ymadael i ledaenu calch ar gaeau Mr Williams y Bos. Cytunasom ein dau gan nad oedd dim arall ar y gweill.

Doedd 'na ddim peiriant i ledaenu calch ar y tir y pryd hynny, felly ein dwylo amdani. Llenwi dwy bwced fawr o'r calch o domen a oedd wedi ei dadlwytho ar y cae ger yr adwy, ac wedyn ei ledaenu o un pen i'r cae i'r llall mewn llinellau. Gwaith caled ac anodd, yn enwedig os byddai chwa o wynt i chwythu'r calch i'n hwynebau.

Roeddem yn gwisgo gogyls motor beic, ond roedd rhywfaint o'r llwch yn ffeindio'i ffordd i'n llygaid. Wel, sôn am losgi, a rhaid oedd cael dŵr glân ar unwaith i'w olchi allan.

Erbyn pnawn Gwener roeddem wedi gorffen y caeau i gyd ac wedi gorffen hefyd gweithio i Grey Motors. Buasai peiriant lledaenu calch heddiw wedi gwneud y gwaith i gyd mewn ychydig oriau!

Waenfawr

Clywais fod gan Whiteway Motors, Y Waunfawr fflyd o fysus a lorïau a phenderfynais fynd draw yno yn y gobaith y cawn fachiad. Es ar gefn y *Royal Enfield* draw i'r Waunfawr, ac fel y digwyddodd, roedd perchennog y busnes, Mr R O Williams, a'i fab Glyn (os wyf yn cofio ei enw yn iawn) yn y garej.

Eglurais iddynt fy mod ar ddeall eu bod angen gyrwyr lori, er nad oedd hynny'n hollol wir; mentro dweud oeddwn. "Wel oes," meddai, "mae ganddom lori *Bedford* newydd ac mae gwaith ar ei chyfer yng Nghaernarfon gan y Caernarfon *Corporation* i gario rwbel adeiladau sydd yn cael eu tynnu i lawr." Wedi holi i bwy y bûm yn gweithio cynt a ble roeddwn yn byw ac yn y blaen, dywedodd y buasai yn gadael i mi wybod ymhen rhyw ddiwrnod neu ddau.

Cefais air i ddweud fy mod wedi cael y gwaith a'r dyddiad y disgwylid i mi ddechrau a'r cyfarwyddiadau sut oedd mynd i'r garej yn Waunfawr i nôl y lori, ei chadw mewn garej breifat yn ymyl y Cei yng Nghaernarfon, a chefais y goriad i agor a chloi y garej fore a nos. Yr amser i ddechrau gweithio oedd wyth o'r gloch y bore tan bump y prynhawn, pum diwrnod yr wythnos. Roedd bore Sadwrn wedi'i neilltuo i roi gwasanaeth i'r lori a'i golchi i lawr yn lân.

Mi fûm yn ffodus fod gennyf chwaer arall garedig, Jeni, yn byw ym Methel nid nepell o Gaernarfon, a hefo hi a'i gŵr Bob a'u dwy ferch fach Alice a Margaret y cefais letya ar aelwyd fach gynnes a dedwydd iawn.

Roedd Bob yn bysgotwr heb ei ail, ac yn gwybod am bob llyn ac afon yng nghyffiniau'r Wyddfa, ac wedi bod yn byw yn Hafoty Newydd, bron hanner ffordd i fyny'r Wyddfa pan oedd yn lencyn. Wedyn, ar ôl priodi efo Jeni, yn byw yn Pen Ceunant Isaf, ychydig yn nes i lawr wrth droed y Wyddfa ac yn aelodau yng Nghapel Hebron M.C. oedd ger y trac ar y ffordd i fyny'r Wyddfa.

Byddwn yn cael mynd hefo Bob ambell gyda'r nos i 'sgota, ac aml ddalfa dda o frithyll a gafwyd ac wedi blino'n llwyr erbyn cyrraedd adref. Ond dim ots – roedd swper blasus o frithyll yn ein haros a dychmygaf arogli'r arlwy rŵan tra'n ysgrifennu hyn o eiriau. O am amser difyr!

Byddwn yn mynd i'r gwaith yng Nghaernarfon ar gefn y *Royal Enfield*, beic modur cryf ond braidd yn drwm ac anodd i'w gychwyn. Cofiaf am fore oer a'r hen *Enfield* wedi nogio a gwrthod cychwyn efo'r cic start. Gwelodd fy chwaer y miri drwy'r ffenestr a daeth i helpu. Doedd dim amdani ond ei roi mewn gêr a'm chwaer a finnau ei redeg a'i wthio hyd nes y gwnai danio, a ninnau ein dau bron colli ein gwynt.

Cawsom ddychryn mawr un bore oer rhewllyd. Gwelsom hogan fach yn rhedeg tuag atom heb gerpyn amdani yn noeth lymun. Na, nid protestio yr oedd fel y gwelir llawer yn ei wneud heddiw trwy dynnu eu dillad a rhedeg i dynnu sylw. Mae'n debyg fod y fechan ddyflwydd oed, Margaret, wedi deffro ac wedi gweld ei mam drwy'r ffenestr ac wedi tynnu ei dillad nos a rhedeg i'r lôn amdani. Tynnodd Jeni ei siwmper a lapio Margaret ynddi a ras i'r tŷ. Mae digwyddiad o'r fath wedi bod yn destun profocio a thynnu coes am amser maith i Margaret druan!

Mwynheais weithio efo'r Cofis yng Nghaernarfon. Pobl hwyliog a ffraeth a neb arall yng Nghymru yn gallu siarad yr un fath â nhw. Ond cyn i mi gael digon o amser efo nhw i fedru patro Cofis yn debyg iddynt, daeth y gwaith i ben.

Gwaith Ffarm

Roeddwn erbyn hyn yn bedair ar bymtheg mlwydd oed a chefais gynnig gwaith fferm gan Mr Huw Pritchard, Tŷ Gwyn, Llanddaniel; gwaith hollol wahanol i'r hyn yr oeddwn wedi arfer ag o. Doeddwn i ddim am fynd ar y dôl os medrwn rywsut yn y byd, ac felly cytunais hefo Mr Pritchard yn syth bin. Roedd hyn tua mis Awst 1939 os cofiaf yn iawn.

Tachwedd y trydydd ar ddeg oedd pen tymor yr amser hynny, a dyna'r amser y byddai gweision a morynion fferm yn cael eu cyflogi am dymor o chwe mis i fynd i weithio i'r ffermydd. Wedi i'r meistr a'r gwas gytuno ar gyflog a natur y gwaith ac yn y blaen, rhoddai'r meistr ernes i'r gwas, rhywbeth a roddir fel sicrwydd o'r cytundeb – rhywfaint o arian y rhan amlaf.

Bûm yn ffodus cael dechrau gweithio dri mis cyn pen tymor, a thâl wrth yr wythnos. Fy Nhad oedd yr Hwsmon yn Nhŷ Gwyn a dysgais lawer ganddo. Pymtheg swllt yr wythnos oedd y cyflog a thri phryd o fwyd: brecwast, cinio a the, a swper os oeddwn yn gweithio'n hwyr fel yn amser cynhaeaf gwair ac ŷd.

Roeddynt hefyd yn cadw morwyn yn Nhŷ Gwyn. Dw i'n cofio dwy yn fy amser i (nid ar unwaith â'i gilydd 'chwaith). Elin Williams a Jane Thomas oedd eu henwau. Dwy o genod ffeind iawn. Pan fyddwn yn gweithio heb fod ymhell o'r tŷ, cawn baned o de a theisen ganddynt. A byddwn innau, gan fy mod yn gweithio allan yn yr awyr agored, yn teimlo yn bur llwglyd ac yn ceisio ryw glosio yn nes at olwg y tŷ tua'r dau i dri o'r gloch, yn y gobaith y byddai'r forwyn yn fy ngweld.

Fel sy'n wybyddus i'r sawl sy'n ymwneud ag amaethyddiaeth, mae cant a mil o oruchwylion i'w cyflawni ar y fferm. Godro'r fuches oedd yr orchwyl gyntaf – oddeutu saith o'r gloch yn y bore. Y forwyn a finna oedd yn gyfrifol am y gwaith hwnnw, a hynny cyn brecwast o fara llaeth a chig moch a digon o fara menyn.

Rhwng brecwast a chinio – bwydo'r moch a charthu'r cytiau'n lân; yna gofalu am borthiant i'r gwartheg oedd yn pesgi dros y gaeaf, a rhai dan do. Malu rwdins a mangoed a'u cymysgu efo gwair mân; hyn efo'r peiriant oedd yn y bing yn cael ei redeg efo paraffîn. Cludo llond nithlan neu ddwy o'r gymysgfa yma i'r defaid oedd yn y caeau dros y gaeaf.

Fel y dywedais o'r blaen, fy Nhad oedd yr Hwsmon yn Nhŷ Gwyn. Dyn medrus iawn ac yn gallu troi ei law at beth wmbreth o wahanol ddyletswyddau. Ddoe defnyddiwyd y gryman, llif a'r fwyallt; heddiw peiriannau i falu'r coed! Dysgodd fi i ferdio a thorri gwrychoedd, i aredig efo ceffylau, i godi waliau, i adnabod y coed: draenen wen, draenen ddu, derw, bedw, ffawydd a llawer arall. Byddai'r rhain yn gysgod da i'r anifeiliaid. Erbyn heddiw, maent mewn siediau dan do.

Dyn ceffylau oedd fy Nhad a gan ei fod wedi bod yn brentis o of, byddai yn gallu trin haearn, gwneud pedolau i'r wêdd, trwsio gatiau ac yn y blaen. Dysgodd fi i dorri gwair efo pladur wair fawr, a hynny yn golygu cryn nerth a medr. Gwair mewn tas wair neu yn y tŷ gwair oedd hwn, cyn bod sôn am felar i wneud bêls.

Gyda llaw, digwyddwn fod yn siarad hefo ffarmwr Tŷ Gwyn y dydd o'r blaen, sef Mr Glyn Roberts, gŵr bonheddig a pharod ei gymwynas, a dyma fo yn dweud wrtha i: "Mae gwaith amrywiol Owen Morris eich tad i'w weld o hyd yn Nhŷ Gwyn yn gadarn ar ôl yn agos i gan mlynedd fynd heibio." Teimlwn yn falch iawn ohono.

Cafodd fy Nhad gic yn ei goes gan geffyl gwedd mawr tra'n pedoli un diwrnod. Nid oedd yn beio'r ceffyl o gwbl. Na, cadw ar y ceffyl fyddai, gan ddweud mai gwres yn ei draed oedd yn achosi iddo daflu a phystylu ei draed. Bu 'Nhad gartref o'i waith am gyfnod tra roedd asgwrn y ffêr yn asio. Doctor Williams, Bryngwyn, ein meddyg teulu a Doctor Hughes, Porthaethwy, meddyg esgyrn, oedd yn gofalu amdano ac yn trin ei goes.

Dw i'n cofio mynd hefo 'Nhad un diwrnod i'r Feddygfa ym Mhorthaethwy pan oeddwn tua'r deuddeg oed a gweld sgerbwd dyn mawr a phob asgwrn yn dangos. Roeddwn braidd ofn o weld y ffasiwn beth. Roedd fy Nhad wedi mynd i ystafell arall am driniaeth a'm gadael ar fy mhen fy hun efo'r sgerbwd a dychmygwn ei weld yn dod yn fyw unrhyw funud. Roeddwn yn gweld pob munud yn awr tra'n disgwyl i'r drws agor ble roedd fy Nhad a'r meddyg wedi mynd. Gadawodd y diawl sgerbwd argraff arnaf, achos bob tro y digwyddaf fynd heibio'r tŷ mawr ble roedd y meddyg esgyrn yn byw, daw i'm cof megis ddoe y digwyddiad arswydus.

Cymylau Rhyfel ar y Gorwel

Roedd digwyddiadau yn Ewrop yn peri ofn a braw yn enwedig i wledydd bychain. Ym mis Medi 1938 aeth Mr Neville Chamberlain, y Prif Weinidog ar y pryd, draw i'r Almaen i drafod a cheisio darbwyllo Adolf Hitler, Canghellor yr Almaen, i ddod i gytundeb a fyddai yn dod â heddwch i Ewrop. Ym mis Mawrth 1938 roedd Hitler eisoes wedi gorymdeithio drwy Vienna wedi i'r Natsïaid feddiannu Awstria. Ym mis Tachwedd 1938 ymosododd cefnogwyr y Natsïaid ar Iddewon yn yr Almaen gan falu gwydrau drysau a ffenestri yn chwilfriw. Ym mis Mawrth 1939 goresgynwyd Tsiecoslofacia gan luoedd yr Almaen, ac felly y naill wlad ar ôl y llall.

Erbyn hyn roeddwn wedi dechrau cymryd diddordeb yn y sefyllfa yn Ewrop, ac yn darllen cymaint ag a fedrwn ynghylch hynny i geisio deall paham. Wedi'r cwbl doedd ond ugain mlynedd ers i Ryfel Byd 1914-1918 ddod i ben.

Ac yn ôl yr hyn a glywais, roedd miloedd o'r bechgyn yn mynd i ymladd yn y rhyfel honno heb wybod yn iawn am beth a phaham. Rhaid cofio bod y telerau a orfodwyd ar yr Almaen ar ôl i ryfel 1914-1918 ddod i ben yn llym ac yn orthrymus iawn. Gorfodwyd hwy i dalu iawndal anferthol i'r Cynghreiriaid, rhoddwyd y Saar ac Alsace i Ffrainc a chreodd hynny ddiweithdra enbyd. O dan y fath amgylchiadau rhoes gyfle i Adolf Hitler a'i blaid ddod i boblogrwydd.

Dechreuodd Hitler waith da yn yr Almaen, medd haneswyr a rhai gwleidyddion yn cynnwys Lloyd George yn eu plith, drwy greu gwaith i'r bobl, ffyrdd newydd, ffatrïoedd gwneud ceir ac yn y blaen i godi'r wlad ar ei thraed. Doedd Lloyd George ddim eisiau cosbi'r Almaen i'r fath raddau – roedd yn ddoeth ac yn gweld y canlyniadau. Gyda llaw, ar 5 Medi 1936 cyfarfu David Lloyd George ag Adolf Hitler yn Nyth yr Eryr, Tŷ Haf Hitler. Ond wedyn aeth yr unben Adolf Hitler i ymosod ar wledydd o'i gwmpas a'u gormesu yn gïaidd.

Yna ar Fedi y cyntaf 1939, ymosododd lluoedd yr Almaen ar wlad Pwyl. Roedd Prydain Fawr wedi gaddo amddifyn Gwlad Pwyl, ac wedi rhybuddio Hitler i beidio ymosod arni. Ond ymysododd yr Almaen a goresgyn y wlad gyda grym a chïeidd-dra y *Blitzkrieg* bondigrybwyll. Yna ar 3 Medi mewn datganiad gan y Prif Weinidog, Mr Chamberlain, cyhoeddoedd Prydain ryfel yn erbyn yr Almaen.

Roeddwn i ar y pryd yn bedair ar bymtheg oed, ac yn ymwybodol bod gorfodaeth filwrol mewn grym i fechgyn oedd wedi cyrraedd yr ugain oed. Gwelais fy ngyfeillion oedd ychydig yn hŷn na mi: Ifan Tŷ'n Brwyn, Bob Graig Terrace, Clifford Dunedin, Richard Post a rhai eraill, yn ymateb i'r alwad ac yn ymuno â'r lluoedd arfog.

Oedd, mi roedd 'na gwestiwn mawr yn cael ei ofyn: a ellir cyfiawnhau rhyfel? Roedd hefyd wrthwynebwyr cydwybodol a heddychwyr Cristnogol. Rhai hefyd yn gwrthod rhyfela ond yn barod i ymuno â'r Groes Goch. Roedd gennyf barch mawr i'r gwrthwynebwyr oedd yn ddidwyll yn argyhoeddiedig er o wahanol ddaliadau i mi. Dioddefasant lawer o ddirmyg a gwawd oherwydd eu safiad. Wrth ddedfrydu yr heddychwr George M Ll Davies i garchar, dyma ddywedodd cadeirydd y fainc yn Llundain, yr Arglwydd Salisbury: "God knows, I'm condemning a far better man than myself."

Roedd eraill yn ymuno â'r R.A.M.C. ac yn fodlon mynd i ble bynnag yr oedd eu hangen i gludo'r clwyfedig rai i ddiogelwch o faes y gad ac i weini ar y cleifion, ar yr amod na fyddant yn gorfod cario arfau i ladd. Wedyn roedd eraill yn gadael swyddi da i fynd i weithio ar y tir neu brynu fferm i arbed ymuno â'r lluoedd arfog. Rhai hefyd yn aros ar eu fferm enedigol i gynhyrchu mwy o fwyd. Roedd y Llywodraeth yn cymell amaethwyr i gynhyrchu mwy o fwyd a gaddo talu dwy bunt yr acer o rodd aredig, ac meddent: "Ni allwch dyfu gynnau ac awyrennau. Ond gallwch dyfu mwy o fwyd."

Wel, dyna'r sefyllfa yn y cyfnod hwnnw, 1939-1940, a bu yn dipyn o benbleth i mi. Wedi i mi roi ystyriaeth i'r pethau uchod gwyddwn nad oeddwn yn dod i fyny â'r gofynion er bod gennyf ddaliadau Cristnogol cryf yn erbyn rhyfel a lladd diangen.

Teimlwn yn gryf fod yn rhaid gwrthwynebu'r drwg ac o dan yr amgylchiadau oedd yn bodoli y pryd hynny a'r gormeswr Hitler yn treisio gwlad ar ôl gwlad, teimlwn y dylwn innau wneud fy rhan fach i sefyll yn y bwlch gydag eraill fel y cadwed i'r oesau a ddêl y glendid a fu. Dyma'r cymhelliad a barodd i mi a miloedd eraill ymuno yn y frwydr.

Gaeaf caled iawn oedd 1939-1940 a dŵr y pwll oedd yng nghowt Tŷ Gwyn wedi rhewi'n gorcyn a'm gorchwyl cyntaf ar ôl godro, a chyn gollwng y fuches yn rhydd i ddod i gael yfed yn nŵr y llyn, oedd torri twll efo caib a rhaw yn y rhew. Cefais lot o hwyl hefyd ac wrth fy modd yn sglefrio o un pen i ben arall y llyn, a chofio cadw'n glir o'r twll. Gwisgwn glocsiau efo pedolau haearn, rhai delfrydol am sglefr.

Tua diwedd mis Ionawr 1940 oedd hi a minnau erbyn hyn yn 20 oed ers y 26ain o Ionawr. Fel y dywedais, roedd yn dywydd eithriadol o oer, eira mawr mewn rhai mannau, y caeau yn llwm iawn o borfa ac yn amser wyna. Y defaid yng nghae Ifan Isaf yn torri dros y terfynau i chwilio am flewyn glas. Unwaith roedd dafad yn cael hyd i fan gwan yn y gwrych ac wedi medru gwthio trwodd i gae arall, buan iawn oedd y gweddill yn dilyn un ar ôl y llall fel defaid William Morgan gynt, a dyma lle roeddwn y pnawn hwnnw yn berdio yng nghae Ifan Isaf pan ganfûm y Giaffar, Mr Pritchard, yn cerdded yn dalog tuag ataf.

Wedi fy nghyfarch a chanmol dipyn ar y berdio, meddai: "Dw i wedi bod yn siarad hefo'r Weinyddiaeth Amaeth (Y *War Ag*) yn dy gylch, ac maent wedi dweud wrthyf, gan fod digon o erwau o dir yma, ei bod yn debygol na fydd yn rhaid i ti orfod mynd i wasanaethu yn y Lluoedd Arfog, a cei dy eithrio oherwydd fod angen cynhyrchu mwy o fwyd."

Wel, teimlais fy hun mewn sefyllfa gas iawn a'i bod hi'n hwyr glas i roi fy nghardiau ar y bwrdd a dweud fy mod wedi penderfynu beth i'w wneud pan ddôi'r alwad. Dyna fyddai pobl yn ei ofyn i hogiau fy oed i: "Wyt ti wedi cael *call-up*?" neu "Pa bryd wyt ti'n disgwyl cael *call-up*?" Rhyfedd o fyd! Diolchais i Mr Pritchard a cheisio egluro fy mod wedi gwneud y penderfyniad ar ôl cryn bendroni yn ei gylch.

Roedd Mr Pritchard yn methu deall ac yn ddigon blin wrthyf ar y pryd. Natur fyrbwyll ac yn colli ei limpyn mewn eiliad oedd ganddo, ond roedd ganddo galon garedig serch hynny a buom ar delerau da gweddill y tymor. Wel, hyd at Ebrill 1af. Ar Fai 13eg roedd y tymor yn dod i ben, a Difia Pen Tymor y gelwid yr amser pan oedd y gweision yn cael eu cyflogi am chwe mis.

Y Fyddin

Fy nghyflogwr nesaf oedd Sior VI, Brenin y Deyrnas Gyfunol a'r tiriogaethau, a oedd yn byw ym Mhalas Buckingham. Roedd peth gwahaniaeth rhwng 'hwn' a'r cyflogwyr eraill: doedd dim modd trafod telerau o gwbl – y fo oedd yn dweud a rhaid oedd gwneud. Ar yr wythfed ar hugain o Fawrth 1940 derbyniais lythyr ag O.H.M.S. arno. Mae o flaen fy llygaid y funud hon ac yn dal yn ddarllenadwy ar ôl 65 o flynyddoedd, er wedi melynu ychydig.

National Service Armed Forces Act 1939
I have to inform you that in accordance with the National Service Armed Forces Act, you are requested to submit yourself to medical examination.

Roeddwn i fynd i Gaernarfon erbyn 2:15 y.h. ddydd Llun, Ebrill 1af, i gael archwiliad meddygol. Canlyniad yr archwiliad meddygol oedd fy mod yn A1. Mae'n ddiddorol edrych yn ôl ar y *Scale Subsistence Allowances* – swllt (5c yn arian heddiw) a dderbyniais am fynd i Gaernarfon a gwarant trafeilio wrth gwrs.

Cyn nemor o ddyddiau cefais lythyr arall oedd yn edrych yn dra phwysig, hwn yn dweud wrthyf am fod yn bresennol ym Marics Gibraltar, Aldershot, Swydd Hampshire am 1600 awr ddydd Iau, y deunawfed o Ebrill 1940, gyda gwarant trafeilio swyddogol i Aldershot. Ond dim ond un ffordd!

Rhyfedd a gwahanol oedd ymateb fy nheulu a'm cydnabod wrth

glywed y newydd fy mod wedi fy ngalw i'r lluoedd arfog, ac mi roedd newyddion yn lledaenu yn bur gyflym y dyddiau hynny hyd yn oed. Anti Nel oedd yn llythyr-gludydd, yn cario'r post fel y byddem yn ei ddweud, a choeliwch chi fi, roedd yn adnabod pob amlen ac o'r herwydd roedd y newydd wedi lledaenu fel tân gwyllt fod Ifan Drogan wedi cael galwad i ymuno â'r fyddin.

Cefais gynghorion gan rai o fy ewythrod oedd wedi bod trwy'r heldrin 1914-1918: rhai ohonynt werth eu cael hefyd. Cefais roddion gan eraill: swllt neu ddau a hanner coronau.

Dw i'n cofio mynd â neges i Mam, danfon wyau i wraig weddw oedd yn byw yn y pentref. Grianbwll oedd enw'r tŷ; nid wyf yn cofio enw'r wraig. Wedi holi ble roeddwn yn mynd, meddai "Wel, diolch i'r drefn nad ydych yn gorfod mynd i Stonehenge, y lle ofnadwy 'na. Fasach chi ddim yn dod adref yn fyw." Roedd y wraig druan wedi colli ei brawd oedd yn filwr yn Stonehenge ar ddechrau'r rhyfel.

Ymuno â'r Fyddin

Gadael Cartref

Bore bythgofiadwy oedd y deunawfed o Ebrill 1940. Roedd Henry fy mrawd mawr a minnau yn gadael cartref y bore hwnnw – Henry wedi cael gwaith mewn ffatri gwneud awyrennau yn Birmingham, a minnau yn mynd i ddysgu sut i fod yn filwr yn Aldershot.

Tawedog iawn oedd fy Mam a'm Tad y bore hwnnw, ac yn amlwg o dan deimlad dwys, fel miloedd o famau eraill wrth ffarwelio a'u bechgyn heb yn wybod os byth y gwelant hwy drachefn.

Daeth yr amser i ni ein dau, Henry a minnau, ffarwelio â'n hanwyliaid, ein cartref a'n gwlad. Ac yn ein dilyn ar y daith oedd gweddi mam a thad. Cofleidiodd Mam ni ar riniog y drws a'r cyfan a ddywedodd a'r dagrau erbyn hyn lond ei llygaid, "Chwi wyddoch beth ddywed fy nghalon." Yn ogystal â dymuniadau gorau'r teulu, ffrindiau a chydnabod, derbyniais gopi hardd o'r Beibl gan Gapel Preswylfa, Llanddaniel. Dyma'r geiriau sydd wedi eu hysgrifennu yn y Beibl:

> *Cyflwynedig gan Eglwys M.C. Preswylfa i Evan Griffith Morris, Drogan, Llanddaniel ar ei ymadawiad i ymuno â'r fyddin, Ebrill 18fed 1940.*
>
> *A'i asgell y cysgoda Efe trosot a than ei adenydd y byddi diogel.*
>
> Salm 91:4.

Bu'r Beibl hwn yn gydymaith i mi am dros chwe mlynedd trwy gydol heldrin yr Ail Ryfel Byd.

Ar y trên wyth o'r gloch o orsaf Gaerwen roedd y daith yn dechrau. Daeth fy ewythr Edwart (hen filwr y soniais amdano eisoes), gyda Megan fy chwaer fach oedd yn chwech oed bryd hynny, i'n hebrwng a ffarwelio â ni ar orsaf y Gaerwen. Roedd fy ewythr wedi dod o Fynydd Llandegai y noson cynt, ac yn benderfynol o gael dymuno'n dda a ffarwelio â ni yn hwyliog fel arfer.

Wedi i'r trên adael yr orsaf ar ei ffordd am Lanfairpwll, ymhen tua dau gan llath deuai toc at le clir heb goed na thyfiant ac roedd i'w weld o ffenestr llofft tŷ ni. Byddai'n arferiad gan Mam, os digwydd i un o'r teulu fod yn trafeilio arni, chwifio cadach gwyn o ffenestr y llofft. Wel, y bore hwnnw roedd Mam yn y llofft yn chwifio'r cadach gwyn i ffarwelio â'i dau fab, a ninnau ein dau yn chwifio hances boced yn ôl.

Roedd fy mrawd yn mynd i lawr o'r trên yn Crewe i gael trên arall i Birmingham. Ffarwelio eto â'n gilydd – nid wyf yn cofio rhyw lawer am y siwrnai i Lundain, ond yn ymwybodol iawn nad oedd neb yn siarad Cymraeg.

Cyrraedd gorsaf Euston tua un o'r gloch a chael paned o de ar y platfform a bwyta'r brechdanau roedd Mam wedi'u gwneud i mi. Yna cael trên arall i orsaf Victoria; newid yn y fan honno ac i mewn i drên oedd yn mynd i Aldershot.

Aldershot

Roedd Aldershot yn dref *garrison* fawr, tref filitaraidd i'r carn, a miloedd o gywion sowldiwrs yn cael eu hyfforddi yno. Roedd hefyd yn ganolfan i'r *Royal Army Engineers* ac i'r *Royal Army Medical Corps*. Sylweddolais nad oeddwn yn ymuno â chatrawd Gymreig fel y Ffiwsilwyr Cymreig, dweder, a dyna un achos pam fod y Gymraeg mor brin ei chlywed. Cyfarfûm â rhai bechgyn a oedd yn ymuno â'r R.A.M.C. a chawsom sgwrs a phaned o de ar y platfform cyn i lorïau'r fyddin ddod i'n cludo o'r orsaf i'r barics.

Roedd y barics wedi'u hadeiladu o frics yn rhesi un llawr a'r gwelyau wedi'u gosod yn ffurfiol bob ochr yn wynebu ei gilydd, a matres wellt ar bob un.

Y peth nesaf oedd cael ein martsio o flaen rhes o glarcod i gymryd manylion am ein taldra, lliw gwallt, ein pwysau, pa grefydd a ribidires o bethau i'w rhoi i lawr yn fy llyfr bach A.B. 64 a gorchymyn i gario'r llyfr ar ein person bob amser. O hyn ymlaen roeddwn i'm hadnabod fel Sapper Morris E.G. 2011947 Royal Engineers. Mae'r llyfr bach o fy mlaen rŵan fel rwyf yn dwyn atgofion 65 mlynedd a thri mis yn ôl. Mae'n rhyfeddod mor fyw yw'r atgofion a chymaint o amser wedi treiglo.

Y peth nesaf oedd mynd i'r *Mess Room* am bryd o fwyd ar blatiau tun a mwg enamel mawr i ddal diod o de, cael cyllell a fforc a llwy, a chael cadw rheini a gofalu eu cadw'n lân bob amser.

Ar ôl gorffen bwyta roedd 'na sarsiant yn ein disgwyl oddi-allan ac ar ôl gwneud tipyn o drefn arnom mewn rhengoedd, ein martsio i'r stordy (*Quarter Master's Stores*) a chael dwy flanced i'w rhoi ar y gwely. Cyn i'r goleuadau fynd allan y noson honno cawsom gyfle i gael sgwrs fach gyda'n gilydd a holi'r naill a'r llall lle roeddem yn byw a beth oedd ein gwaith.

Yn y gwely ar y chwith i mi roedd hogyn o'r enw Cyril Lee, yn dod o Penyard, Merthyr Tudful, yn Gymro i'r carn ond ychydig iawn o Gymraeg oedd ganddo. Roedd Cyril yn aelod o fyddin arall hefyd, sef Byddin yr Iachawdwriaeth, ac yn driw iawn i'w grefydd ac yn darllen ei Feibl yn gyson a hynny yng nghlyw rhegfeydd ofnadwy yn aml. Ond doedd hynny yn menu dim arno. Siriol oedd Cyril bob amser. Buom yn gyfeillion a gyda'n gilydd am tua tair blynedd cyn ein gwahanu yn yr Eidal. Rydym yn dal i roi caniad ffôn i'r naill a'r llall rŵan, ar ôl dros drigain mlynedd.

Yn y gwely ar y dde i mi roedd hogyn o'r enw Frank Snelling. Sais oedd o ac yn dod o Bath, Gwlad yr Haf – hogyn clenia'n fyw a daethom yn gyfeillion yn rhwydd. Roedd Frank yn hogyn peniog a hawdd gweld ei fod wedi cael ysgol dda. Fel llawer un, cafodd lysenw a hynny am fod ei gyfenw yn Snelling. Roedd 'na bencampwr bocsio o'r enw Max Schmelling a oedd yn boblogaidd iawn ar y pryd. Felly dechreuodd rhywun yn y barics alw Frank yn Max, a chyn pen dim roedd bron pawb yn ei alw yn Max neu Maxi.

Cefais innau enw newydd: i'r Saeson, yr Albanwyr a'r Gwyddelod, Taff oedd fy llysenw rhan amlaf, ond i hogiau de Cymru Ianto oeddwn.

Profiad rhyfedd oedd cysgu mewn barics am y tro cyntaf, yn un o tua 25. Cofiaf mai noson digon annifyr fuo hi: troi a throsi gydol y nos. Daeth y sarsiant i mewn am chwech y bore gan weiddi'n groch am i ni godi: *Rise and shine, beds in line.* Rhaid oedd plygu a gosod y blancedi'n dwt ar waelod y gwely gyda'r celfi bwyta a'r celfi eillio yn loyw lân. Rhaid oedd eillio bob bore yn ddi-ffael.

Wedi brecwast o uwd, bara menyn a chig moch (roedd y bwyd yn eithaf da yn Aldershot – gellir disgwyl hynny mewn tref â thraddodiad militaraidd) galwodd y sarsiant ni oll ar parêd, a'n martsio ni i'r ystordy (*Quarter Master's Stores*) i gael ein dilladu â lifrau'r Brenin, siwt gaci, y *battle dress*, esgidiau cryf am ein traed a *beret* am ein pennau ac arno fathodyn y Peirianwyr Brenhinol.

Wedi martsio'n ôl i'r barics a newid ein dillad sifil i ddillad y fyddin, cafodd pob un ohonom ddarn mawr o bapur llwyd a llinyn i bacio'r dillad sifil a'u hanfon adref. Dw i'n siŵr bod Mam yn teimlo'n ddwys a thrist wrth weld fy nillad yn cael eu hanfon yn ôl. Cawsom hefyd, bob un ohonom, ddisg ynghlwn wrth linyn i'w roi am ein gwddf a phe bai rhywun yn cael ei ladd roedd y rhif a'r manylion ar y ddisg.

Cofiaf yn ystod bore yr ail ddiwrnod (19 Ebrill 1940) i siarsiant a chorporal ddod i mewn dan weiddi, *"On parade, on the double!"* Rhaid oedd rhedeg y pryd hynny. Yn ein disgwyl ar y sgwâr roedd Uwchgapten yn sefyll gyda chlamp o *Sergeant Major* (llond ei groen o awdurdod), dau Gorporal a *Drill Sergeant*. Hwnnw oedd yn gweiddi gorchmynion i ni a chanddo lais fel taran. Dw i'n cofio ei enw hyd heddiw, Sergeant Platt, un bychan o gorffolaeth. Dw i'n dychmygu ei weld rŵan yn torsythu o'n blaenau ni heb flewyn allan o'i le arno fo.

Wedi rhoi gorchymyn i ni ymlacio, daeth yr Uwchgapten yn nes ymlaen at ein rhengoedd i siarad â ni. Y peth cyntaf a ddywedodd oedd ei bod yn fraint ac yn anrhydedd i fod yn filwyr yn y *Royal Engineers*. "Mi fyddwch yn cael eich dewis i wahanol adrannau o'r R.E.s, ond yn gyntaf," meddai, "mae hyfforddiant milwrol caled a thrylwyr o'ch blaen ac mae i ddechrau y bore 'ma." Wedi'r saliwtio aeth yr Uwchgapten a'r *Sergeant Major* ac un Corporal ymaith a'n gadael ar y sgwâr yng ngofal Sarsiant Platt a'r Corporal, a dyna lle buom ni'n rhedeg, neidio a chalpio am tua awr a hanner nes ein bod allan o wynt, a'r hen Platt yn cael boddhad wrth weiddi a rhegi, a'n hatgoffa mai hwn oedd y cyfnod a fyddai'n ein torri i mewn.

Roedd hyn yn fy atgoffa o fy Nhad yn torri ebol neu eboles ifanc ar gowt Tŷ Gwyn. Wedi rhoi ffrwyn yn ei phen byddai yn ei rhedeg i fyny ac i lawr y cowt ac o amgylch y beudai hyd nes y byddai wedi blino a llonyddu peth, ac yn haws i'w thrin.

Ar ôl cinio eitha da aed â ni i mewn i ystafell fawr, ystafell ddarlithio, i wrando ar swyddogion yn rhoi darlithoedd. Hynny yw beth i'w wneud a dim i'w wneud yn fwy na dim arall, a phwys mawr ar ymarferiadau milwrol a phwysleisio pa mor bwysig oedd addasu'r corff i wneud milwyr da a ffit i ymladd yn erbyn y gelyn.

Darlith bwysig oedd honno ar y clwyf gwenerol, ein rhybuddio am y canlyniadau difrifol pe bai un yn cael hwnnw. Os wyf yn cofio'n iawn, swyddog o'r R.A.M.C. oedd y darlithydd ac yn awdurdod ar afiechydon trofannol a hefyd dawn ganddo i godi ofn a dychryn ar ei wrandawyr, a doedd hynny ddim yn ddrwg i gyd.

Ar ddiwedd y prynhawn hwnnw martsiwyd ni i'r stordy arfau i gael dryll a bidog dur, wedyn ein martsio i'r sgwâr mawr a gorymdeithio'n ôl a blaen â'r dryll (*Lee Enfield*) ar ein hysgwyddau. Y Sarsiant yn rhoi gorchymyn: "Halt!" a dweud ei fod eisiau gweld llawer mwy o ddisgyblaeth arnom. Meddai, "Buaswn yn cael gwell trefn ar fartsio crancod na chwi." Ryddai yn gweiddi ar ambell un ohonom a oedd braidd yn drwsgwl wrth ei enw. "You are marching like a duck," a wedyn yr hen ystrydeb os oeddem wedi torri calon ein mamau, cawn tipyn o drafferth i dorri ei galon ef. Dau air oedd yn ei geg yn wastad oedd "Gorchymyn ac ufuddhau."

Ar fore Sadwrn 20 Ebrill 1940, martsio i gae heb fod nepell o'r barics. Yn y fan honno roedd ffosydd wedi'u cloddio a dynion gwellt yn eu hamddiffyn. Nhw oedd y gelyn a ninnau'n cael ein hyfforddi i'w lladd, a sut i wneud hynny trwy redeg a phlanu'r bidog dur ynddynt. Profiad erchyll iawn oedd hwn i ni. Dyn yn cael ei ddysgu i ladd ei gyd-ddyn ac heb ei weld erioed. Wel dyna fo, doedd y Sarsiant a'r tri Chorporal oedd yn ein hyfforddi yn malio dim. Roedden nhw wedi'u caledu a hefyd wedi bod am gyfnod eu hunain yn rhyfel 1914-1918 ac yn ffosydd gwaedlyd Ffrainc.

Ar ôl cinio daeth y Sarsiant i mewn atom i ddweud wrthym am i ni wneud ein hunain yn barod i fynd ar orymdaith o tua 10 milltir – un go fechan yn ei olwg o a ddim eisiau cario pac llawn, dim ond yr hafersac bach a fflasg ddŵr. Cychwynodd tua 60 ohonom.

Roeddem oll o wahanol alwedigaethau, megis glowyr, gweithwyr tir, gweithwyr siop, gweithwyr swyddfa ac yn y blaen, ac wrth reswm doedd rhai o'r criw erioed wedi arfer â gwisgo esgidiau mawr clemiau, a buan y gwelid nhw mewn trafferthion, swigod ar eu traed yn gwaedu a sôn am regi'r esgidiau. Ond roedd trefniant wedi'i wneud i'r rhai oedd yn wirioneddol ddioddef i gael cymorth cyntaf. Codwyd hwy mewn lori fach, ar ôl cymryd eu henwau gan un o'r corporals, ac aed â nhw yn ôl i'r barics ac o flaen y Swyddog Meddygaeth. Gwae i unrhyw un a oedd yn ffugio gan ei bod yn drosedd, siars 252, a chosb eithaf trwm yn dilyn i'r *malingerers*, fel y'u gelwid hwy.

Wedi gorymdeithio tua 5 milltir gwaeddodd y Sarsiant "Halt" i ni gael egwyl fach i ymlacio a chael diod o ddŵr. "The last mile will be intensive," meddai'r Sarsiant, "dw i am i bob un redeg y filltir honno, a chawn weld pwy fydd y cyntaf i gyrraedd Barics Gibraltar. Roeddwn yn eithaf balch o fod yn un o'r pump cyntaf i gyrraedd y barics. Un rheswm am hynny oedd fy mod wedi arfer gwisgo esgidiau hoelion mawr a chlocsiau. Aethom i'r cantîn yn syth am fwg o de a rhywbeth i'w fwyta. Wedi i'r *stragglers* fel y'u gelwid gyrraedd pen y daith, galwodd y Sarsiant ni at ein gilydd yn rhengoedd i ddweud, "Not a bad bunch of Rookies," a'n bod yn rhydd i fynd am dro i dref enwog Aldershot. Ond bobl bach! Roeddem i gyd wedi blino cymaint mai chwilio am le i orwedd oedd y flaenoriaeth a'r peth gorau i'w wneud.

Un parêd oedd i'w gynnal fore Sul a hwnnw oedd y Church Parêd. Rhybuddiwyd ni i fod yn dwt, ein hesgidiau yn sgleinio ac wedi torri ein gwallt yn gwta. Galwodd y Sarsiant y rhai oedd yn perthyn i Eglwys Loegr ymlaen, yna Eglwys Rhufain, Eglwys yr Alban ac yn y blaen, hyd nes oedd dim ond deg ohonom yn sefyll yn y rhengoedd. Roedd Cyril Lee, fy nghyfaill, yn sefyll wrth fy ochr ar y pen. Clywais y Sarsiant yn gofyn rhywbeth iddo. "Salvation Army," atebodd Cyril. "Fall out," medd y Sarsiant. "You," meddai wrthyf. "Welsh Presbyterian, Sergeant," meddwn. "Fall out," meddai gan fwmian rhywbeth rhwng ei ddanedd.

Cefais wybod wedyn gan sawl hen sowldiwr oedd yn gwybod llawer o driciau hen sowldiwrs fod y rhai oedd ar ôl yn y rheng a heb fod yn arddel unrhyw grefydd yn cael eu gyrru i'r ystafell goginio i olchi'r celfi bwyd, ac i sgwrio'r lloriau. Roedd gan Fyddin yr Iachawdwriaeth gangen heb fod nepell, ac yno yr aeth Cyril a minnau. Cawsom groeso mawr, gyda phaned o de a theisen ffrwythau. Hefyd roedd 'na ystafell fach dawel a chyfleusterau i ysgrifennu llythyr neu ddarllen.

Dyma ni'n dau yn mynd ati i ysgrifennu pwt o lythyr i'n hanwyliaid. Clywais sŵn clychau Eglwys yn y pellter ac roedd yn fy atgoffa o glychau Eglwys Deiniol Sant, Llanddaniel yn galw'r addolwyr i wasanaeth deg o'r gloch fore Sul. Daeth arnaf hiraeth llethol,

> 'Hiraeth mawr a hiraeth creulon,
> Hiraeth bron a thorri 'nghalon.'

fel mae'r hen gân yn mynd. Teimlwn hi'n anodd i beidio â chrïo. Roedd fy llygad yn llenwi a theimlwn rhyw fodd fod gennyf hawl i grïo. Peth ofnadwy yw hiraeth ac anodd ei ddisgrifio. Gwn fod teimlad o unigrwydd yn deillio ohono, ac mae'n dod weithiau er bod yng nghanol pobl a phan mae dyn allan o'i gynefin.

Aeth wythnos o ymarfer caled heibio a daeth y *payday* bondigrybwyll. Byddai'r milwyr proffesiynol yn canu y gân hon wrth fartsio: *"Happy is the day when a soldier gets his pay."* Pedair swllt ar ddeg yr wythnos (70c heddiw) a delir i'r *conscripts* amser hynny. Cefais ffurflen gan y *Paymaster* i'w llenwi i alluogi fy Mam i gael saith swllt allan o'r cyflog wythnos, sef ei hanner, ac roedd yn cael ei dalu iddi bob wythnos gan y Swyddfa Bost. Os wyf yn cofio'n iawn *Voluntary Allotment* oedd yr enw arno.

Byddem yn cael ein hannog i ganu pan yn gorymdeithio trwy'r wlad, a'r gân isod oedd y ffefryn bob amser:

> We're going to hang out our washing on the Siegfried Line,
> If the Siegfried Line's still there.

Aeth wythnosau heibio a dim brwydro. Ffug ryfel y'i gelwid hi, gan wawdio Hitler a'i Siegfried line a llawer o ddarogan y buasai'r rhyfel drosodd cyn nemor ddim o amser. Ond cofier bod y Natsïaid wedi gweithredu *blitzkrieg* yng Ngwlad Pwyl gan ladd a dinistrio popeth o'u blaenau â chïeidd-dra ofnadwy. Brwydrodd y Pwyliaid yn ddewr ar bennau eu hunain, druan ohonynt! A Rwsia wedyn yn ymosod arnynt trwy'r drws cefn.

Diwrnod bythgofiadwy oedd Mai 10fed 1940. Torrodd y storm oedd yn barod wedi llyncu a difrodi Gwlad Pwyl, Denmarc a

Norwy a doedd Ffrainc na Phrydain wedi paratoi ar gyfer y fath gyflafan. Roedd *Panzer Divisions* yr Almaen, gyda help y *Luftwaffe* wedi goresgyn gwlad Belg a'r Iseldiroedd ac yn ymosod yn ffyrnig ar Ffrainc nes peri i fyddinoedd Prydain a Ffrainc gilio'n ôl tuag at yr arfordir gyda cholledion aruthrol mewn bywydau ac arfau rhyfel.

Defnyddiwyd pob cwch, bach a mawr, i gludo milwyr y cynghrair yn ôl i'r wlad hon. Llwyddwyd i ddychwelyd tri chan mil ohonynt, a llawer wedi'u hanafu'n ddifrifol, o borthladd Dunkirk a phorthladdoedd cyfagos. Cyn diwedd mis Mai roedd Ffrainc wedi ildio ac yn ceisio dod i delerau gyda'i choncwerwyr.

Roedd lluoedd Hitler wedi cyrraedd arfordir Ffrainc a dim ond dwy filltir ar hugain o ddŵr rhyngddynt a Dover. Ond yn rhyfedd iawn, ac ni ellir esbonio'n hawdd, galwodd Hitler "Halt" er mwyn i'r fyddin gael egwyl i orffwys.

Nid oedd i ni ddinas barhaus yn Aldershot trwy drugaredd, a buan y sylweddolwyd hynny. "Yn ôl i Ffrainc," meddai'r Sarsiant cegog y soniais amdano o'r blaen, "a llwyth o flancedi i'ch canlyn. Os cewch eich lladd, cewch eich amwisgo mewn un ohonynt a'ch claddu yn y fan a'r lle." Diwedd Mai 1940 oedd hi, a galwyd yr oll ohonom oedd yn Barics Gibraltar ar parêd. Roedd gan yr Uwchgapten rywbeth pwysig i'w ddweud. Bwrdwn ei araith oedd nad oedd y Fyddin Brydeinig yn ddigon mecanyddol a bod rhaid symud ar frys i gywiro'r cam. Dyna oedd y neges gan y Swyddfa Ryfel, meddai.

Galwodd y Sarsiant ni wrth ein rhif a'n henwau, 40 ohonom, i un ochr, gan adael i ni wybod ein bod wedi ein dewis i fynd ar gwrs i ryw fath o Goleg Technegol, ble roedd pob math o beiriannau mawr Americanaidd: *bulldozers, D4, D6, D7, a D8 Caterpillar.* Gorchmynnwyd i ni ymddangos ar y sgwâr am 2 o'r gloch, wedi pacio y geriach i'r *kitbag* a'r gwn *Lee Enfield* ar ein hysgwyddau. Llwythwyd ni i dair lori oedd i'n cludo i'r orsaf drenau yn sŵn yr hen *Drill Sergeant* oedd wedi cael recriwts newydd i'w hyfforddi ar y sgwâr ac yn bloeddio, "Chest out, bellies in, straight back, chin up, left, right." Gadawsom ef yn crochlefain, a gwaeddais innau "Hwre" am gael mynd o'r diawl lle!

Y Teirw Dur

Welwyn Garden City

Wrth ymgomio â'n gilydd yn y trên canfuwyd fod pob un o'r dewisedig rai, y 40 ohonom, wedi bod yn ymwneud â pheiriannau neu adeiladu ffyrdd, rhai wedi bod yn gweithio i gwmnïau megis McAlpine a Cubbits. Bu'n dipyn o ddyfalu rhyngom i ble roeddem yn mynd – ble roedd pen y daith? "I Hatfield, Welwyn Garden City," meddai fy nghyfaill Maxi, "yno mae cwmni Jack Olding, gyda pheiriannau mawr dur y *bulldozers* a'r *excavators*." Roedd Maxi yn llygad ei le: i'r fan honno y cludwyd ni. Sylwais nad oedd yno farics milwyr na 'chwaith sgwâr martsio i'w weld yn unman. Roedd gennym un swyddog, capten, un sarsiant ac un corporal i ofalu amdanom. Cawsom bryd o fwyd blasus a gair o groeso i'r ysgol hyfforddi hon.

"Does yma ddim barics na gwersyll milwrol," meddai'r swyddog, "ac felly byddwch yn lletya mewn tai annedd (*billets*)." Roedd y swyddog yn galw'n henwau allan yn barau, ac yn rhoi enw'r tŷ a'i berchennog lle roeddem i aros. Cafodd Cyril a minnau fod gyda'n gilydd eto. Stâd o dai gweddol newydd wedi'u gosod bob yn ddau nid nepell o Jack Olding, Welwyn. Cyfleus iawn i ni fynd a dod i'r Coleg.

Cawsom groeso cynnes iawn gan y gŵr a'r wraig ifanc a'u dau blentyn bach. Bwyd da wedi'i arlwyo'n ardderchog ac yn cael bwyta o'r un bwrdd â hwythau. Yn wir roedd yn nefoedd fach unwaith eto!

Doedd America ddim wedi dod i mewn i'r rhyfel y pryd hynny, yn filwrol felly. Ond roedd yr Arlywydd Roosevelt yn gallu cefnogi trwy anfon peiriannau i helpu. Gan mai yn America yr oedd y ffatri oedd yn cynhyrchu'r rhai hyn, roedd rhai o'r darlithwyr oedd yn ein hyfforddi yn dod o America a Chanada ac ar staff Jack Olding.

Yn y dechrau, i mewn o dan do roeddem yn treulio'r rhan fwyaf o'r amser yn dysgu am y *bulldozers, caterpillars* yn ddamcaniaethol – sut roedd peiriannau *diesel* yn gweithio a'r *pre-combustion chamber* ac yn y blaen. Roeddynt yn beiriannau drud iawn – roedd y lleiaf ohonynt, y D4, (D am *diesel*) yn costio mil o bunnau a'r D8 tua tair mil yr amser hynny. Hefyd dangoswyd ffilm ar y sgrîn i egluro sut roedd pob darn o'r *tarw dur* (enw Cymraeg da amdano) yn gweithio.

Ymhen pythefnos cawsom sefyll arholiad i weld faint oeddem wedi'i ddysgu am y tarw dur ac enwau'r gwahanol rannau ohono. Daeth y cwrs mewn damcaniaeth i ben a dechreuwyd ar y cwrs ymarferol – dysgu sut i drafod a gweithio'r teirw dur mawr, y rhai mwyaf tua 30 tunnell o bwysau. Yn y cae cyfagos roedd ponciau uchel o bridd, ac yn y fan honno y cawsom ein dysgu gan yr hyfforddwyr sut i wneud yr anwastad yn wastadedd gyda llafnau mawr y teirw dur.

Wel, fel mae popeth da yn dod i ben, felly cwrs y teirw dur, a ninnau bellach wedi profi rhyddid i fynd a dod fel y dymunem, ond i ni rhoi cyfrif o'n presenoldeb am wyth o'r gloch bob bore Llun. Doedd arnom ddim awydd ymadael – 'melys moes mwy.'

Roeddem hefyd wedi mwynhau ymweld â threfi cyfagos megis St Albans, Hertford a Welwyn Garden city. Codwyd tîm bach yn ein mysg i chwarae dartiau a chafwyd llawer o hwyl yn chwarae yn erbyn y brodorion yn y gwesty oedd yn Welwyn Garden City.

Tua chanol mis Gorffennaf galwodd y swyddog ni at ein gilydd, nid i fartsio nac i galpio o gwmpas y lle, ond am sgwrs fel petai ac i roi gwybodaeth ynglŷn â'r dyfodol.

"Dw i'n hapus hefo'ch perfformiad yn y rhan cyntaf o'r cwrs," meddai, "ac yn canmol eich ymroddiad ac rwyf i a'r staff wedi marcio eich papurau arholiad felly, a'ch cymeradwyo i fynd ymlaen â'r cwrs." Eglurodd ein bod yn symud i le arall, lle roedd chwarel fawr gyda math o beiriannau symud tir, agor fosydd, adeiladu ffyrdd ac yn y blaen.

Ni roddwyd arlliw i ni ble roedd y chwarel, ond rhoddodd air o gysur i ni pan ddywedodd y byddem yn sicr o fod yn well allan yn ariannol wedi gorffen y cwrs. Daeth yr amser i ganu'n iach i Jack Olding a Hatfield a ffwrdd â ni ar y trên i gyfeiriad y gogledd.

Newark on Trent

Daeth y dyfalu i ben. Arhosodd y trên gyda sgrech yng ngorsaf Newark on Trent, swydd Nottingham. Cawsom ein cludo oddi yno i wersyll nid anenwog, sef Sconces Hill. Yno y buom dan ganfas am ychydig ddyddiau. Dw i'n cofio ei bod yn dywydd braf, poeth a llawer o lwch ym mhobman.

Yna, dosbarthwyd ni bob yn ddau eto i letya mewn tai annedd. Cafodd fy mêt Cyril a minnau fod gyda'n gilydd eto, a chyda theulu bach clên iawn; y gŵr wedi bod yn filwr yn Rhyfel 1914-1918. Roedd wedi'i glwyfo ac wedi profi llawer o erchyllderau yn ffosydd Ffrainc. Ond mi oedd bob amser yn siriol, a daeth Cyril a minnau yn llawia mawr hefo fo.

Ar ôl bwyta brecwast da wedi'i arlwyo gan Mrs Viner, roeddem yn ymgynull mewn man penodol i gael ein cyfrif. Roedd yn fy atgoffa o'r ffordd y byddem yn cyfrif defaid gynt. Y gwahaniaeth oedd ein bod ni yn ymateb i'r enw oedd yn cael ei alw arnom trwy weiddi "Sir." Wedyn llwythwyd ni i lorïau bach i'n cludo i'r chwarel. Sylwais bod prysurdeb mawr yn y chwarel, a gwelwyd peiriannau mawr yn ogystal â'r teirw dur: tyllwyr, dympars a pheiriannau i agor ffosydd ac i adeiladu pontydd a ffyrdd.

Cawsom fesur o ryddid i fynd a dod yma yn Newark hefyd heb fawr o filitariaeth. Dim ond un parêd yn y bore ac un y prynhawn i'n cyfrif a gwneud yn siŵr ein bod oll yn bresennol. Y peth pwysig oedd ein bod yn cael digon o ymarfer i weithio'r peiriannau o dan ofal yr hyfforddwyr, wrth gwrs.

Roeddem yn mwynhau cael mynd i'r chwarel ac yn dysgu llawer hefyd, a chael bod yn yr awyr iach bob dydd ac ambell i noson hefyd oherwydd ein bod ar rota i warchod y chwarel. Roedd gwyliadwriaeth nos gan y disgwylid i luoedd yr Almaen geisio goresgyn y wlad yn fuan, gan gofio eu bod eisoes wedi cyrraedd o fewn tafliad carreg i Dover. Roedd paratoadau mawr ar droed i amddiffyn y wlad.

Bach iawn o rwystr fuaswn i a'm tebyg wedi bod yn ceisio amddiffyn ein tamaid tir hefo dryll *Lee Enfield* a phum bwled, petai lluoedd yr Almaen a'u *blitzkrieg* wedi ymosod arnom ar draws y Sianel o Ffrainc a dim ond 22 milltir o ddŵr rhyngom. Ond mae un peth yn sicr bendant, roeddem wedi penderfynu ymladd i amddiffyn pob tamaid cyn ildio i'r Nazi creulon. Dach chi'n gweld, roedd ein hanwyliaid, ein cartrefi, a'n gwlad yn awr yn y fantol a'r gred gyffredinol oedd fod ymosodiad ar ddigwydd unrhyw awr.

Dw i'n cofio bod yn ymarfer patrôl un noson – un corporal a phedwar *sapper*. Wedyn, wedi cael gorchymun i warchod ffermdy gyda chaniatâd y ffarmwr, roeddem yn cymryd ein tro i gysgu a gwarchod bob yn ail. Roedd 'na ddigon o wellt glân i ni gael gorwedd. Roedd y Corporal wedi bod yno noson neu ddwy ynghynt ond dyma'r tro cyntaf i ni'n pedwar a hithau'n dechrau nosi. "Watch this now, Taff," meddai'r Corporal. Gwelais y ffarmwr yn croesi'r buarth ac yn mynd i mewn i'r beudy, dybiwn i. Aeth allan ymhen rhyw ddau neu dri munud yn cario dwy fforch dail a phicwarch wair goes hir. Er syndod i mi cerddodd yn ôl ar draws y buarth ac i mewn i'r tŷ efo'r ffyrch dan ei gesail. Dyna fyddai arfogaeth y ffarmwr hwnnw oedd am amddiffyn ei gartref i'r diwedd. A dyna'n wir oedd meddylfryd y rhelyw o boblogaeth yr ynysoedd Prydeinig y dwthwm hwnnw yn fy marn i.

Erbyn hyn, a hithau'n ddiwedd Awst 1940, ffurfiwyd cwmni gan y Swyddfa Ryfel y *"138 Mechanical Equipment Company"* yn cynnwys nifer o blatŵns y Royal Engineers. Cefais i fy hun yn yr wythfed. Trwy y ffurfio yma daeth nifer o *sappers* i ymuno â ni, i wneud y rhif yn gyflawn mae'n debyg. Deuthum i adnabod rhai o'r hogiau hyn yn dda a gwneud cyfeillion a barhaodd am flynyddoedd lawer.

Dyna Tom Smith oedd yn byw yn Abercynon, ei dad yn hannu o Gaernarfon. Roedd Tom wedi bod yn gweithio yn y pyllau glo, hogyn cydnerth, ysgwyddog a heb ofn neb arno. Roedd Tom a Cyril yn fêts mawr hefyd er iddynt fod mor wahanol ag ydi sofran i swllt. Doedd wiw i undyn gymryd mantais ar Cyril. Cofiaf un digwyddiad. Dechreuodd hogyn cegog wawdio Cyril ynghylch Byddin yr Iachawdwriaeth. Cyfeiriais o'r blaen fod Cyril yn aelod o'r Fyddin. Rhybuddiodd Tom y bachgen ei fod yn mynd yn rhy bell. "Shut your gob and mind your own business," meddai'r llanc. "It is my business," meddai Tom, ac amdano fo. Gafaelodd ynddo a'i godi o'r llawr a rhoi hergwd iddo nes oedd yn llyfu'r llawr am latheni. Aeth y llanc i'w gragen ac yn ddistaw fel y bedd, a chafodd Cyril lonydd byth wedyn. Bu'n wers i lawer arall hefyd. Un doniol oedd Tom Smith. Trôdd ataf i a Cyril ac meddai, "That was muscular Christianity," a gwên ar ei wyneb!

Un arall o'r hogia dwad yma oedd Dyfrig Morgan o Gorseinon, ac yn siarad Cymraeg glân gloyw. Dw i'n cofio y byddai'n sôn am Westy'r *Half Moon* ond nid wyf yn sicr a oedd yn byw yno ai peidio. Ond cofiaf iddo ddweud mai ym Mae Trearddur, Sir Fôn y bu yn cael ei hyfforddi, ac wrth ei fodd yno. Hefyd Leonard Nash o'r Trallwng – hogyn clên dros ben ac wedi dod yn ôl yn fyw o uffern Dunkirk.

Ac felly byddai'r criw bach o Gymru'n closio at ei gilydd ac ambell waith yn gallu cyd-gyfarfod am sgwrs ac adrodd hynt a helynt ein gilydd. Adar o'r unlliw, ynte?

Cael seibiant

A hithau'n ddiwedd Awst fel roeddwn yn dweud, a rhai ohonom wedi cael *leave* i fynd adref i weld ein hanwyliaid, aethpwyd â chwyn at Sarsiant Taffy Watkins, hen sowldiwr oedd wedi treulio amser yn yr India cyn y rhyfel ac yn enedigol o Frynmawr, de Cymru. Achos y gŵyn oedd ein bod wedi cael addewid o *leave* ar ôl tri mis o wasanaeth yn y fyddin. Aeth pedwar mis heibio a dim sôn am gyflawni'r addewid, felly dyma benderfynu gwneud cwyn swyddogol. Mi oedd ganddom hawl i gwyno ond i ni wneud hynny drwy reolau priodol y fyddin. Aeth o â'r gŵyn at yr Uwchgapten a chyn nemor o ddyddiau, cefais i a 19 arall wythnos o *leave* i deithio i Sir Fôn. Roedd yr awdurdodau wedi penderfynu anfon 20 ar y tro am saith diwrnod o *leave*.

Wel, mi oedd yn nefoedd fach eto cael dod yn ôl i'm cynefin ac at fy anwyliaid am ychydig ddyddiau. Cefais groeso mawr gan bob un ohonynt. Yn wir teimlent eu bod yn methu gwneud digon i mi!

Cefais ar ddeall fod fy hen gyfaill Ifan Pritchard Tŷ'n Brwyn adref ar *leave* hefyd – un arall a welodd erchyllderau rhyfel yn Dunkirk.

Cawsom wythnos o dywydd braf heulog a chael galifantio i rhywle bob dydd!

Cofiaf un achlysur a finnau wedi taro ar ddwy nyrs fach ddel wrth ddod allan o'r pictiwrs ym Mangor. Roeddynt yn aros yn y tai nyrsus ym mhen uchaf gallt Glanrafon dros y ffordd i'r ysbyty ble roeddent yn gweithio. Y canlyniad i hyn oedd i ni golli'r bws am Gaergybi, a doedd dim i'w wneud ond cychwyn cerdded am adref – taith o rhyw saith milltir. Pan oeddem ger tai mawr Bryn Menai, daeth cerbyd modur mawr heibio. Stopiodd a gofyn oedd arnom eisiau lifft. Roedd yn arferiad yr amser hynny i gynnig lifft i filwyr. Y syndod oedd mai merch oedd yn gyrru'r car. "Jump in," meddai ar ôl gofyn ble roeddem yn mynd. "Oh, I'm going that way too," meddai. Holodd ni ym mha gatrawd o'r fyddin oeddem a ble roedd ein gwersyll. Roedd yn dangos diddordeb mawr.

Pan gyrhaeddom Bont y Borth wele ddau filwr a'r sentri yno yn stopio bob car i'w holi. Un rheswm am hyn oedd fod Lord Haw-Haw, William Joyce, cyhoeddwr newyddion yn yr Almaen wedi bygwth y byddai'r *Luftwaffe* yn dod i fomio'r Fenai dlos a'r pontydd drosti.

Pan gerddodd un o'r milwyr at y car wedi rhoi arwydd iddo stopio, rhoes y ferch y ffenestr i lawr, ac meddai "Lady Caroline, Plas Newydd." Saliwtiodd y sowldiwr ac ymlaen â ni dros y bont heb ffwdan, ac ymlaen â'r ymgom hefyd. Merch oedd hi i Ardalydd Môn, y Marcwis i ni. Wel roedd Ifan a finnau mewn syndod o gael ein cludo adref mewn steil gan un o'r aristocratiaid. Aeth Ifan i lawr wrth giat Tŷ'n Brwyn a finnau ar sgwâr y pentref gyda calonnau diolchgar iawn am y lifft. "It's a pleasure," meddai.

Cyd-ddigwyddiad hollol oedd i Ifan a minnau gael ychydig ddyddiau o *leave* gyda'n gilydd, gan fod y naill yn y Royai Engineers yng ngogledd Lloegr a'r llall yn ne Lloegr yn y R.A.S.A.

Dychwelyd i Newark

Gweddol dawel oedd pethau yn Newark ac i raddau wedi osgoi'r bomio a fu ar drefydd cyfagos, gydag eithriad. Un noson a finnau ar fy ffordd i'r *bilet* gyda fy mêt Cyril, clywsom swn grwnian yn yr awyr uwch ein pennau. Ar hynny dyma sain y *siren* yn mynd. "Heinkel bomber," meddai Cyril. Clywsom lais yr A.R.P. yn galw ar i bawb oedd yn y stryd i fynd i mewn i'r lloches (*Air Raid Shelter*). Pawb yn rhedeg o bob cyfeiriad ac i mewn â nhw a ninnau'n dau gyda hwy. Prin ein bod wedi mynd i mewn a dyma'r awyren yn gollwng ei llwyth nes bod y dref yn crynu i'w sail. Un o'r *land mines* mawr oedd y ffrwydriad a gadawodd dwll anferth a chwalu rhai adeiladau i'r llawr, meddai Mr Viner, gŵr ein tŷ *bilet* ni. Fe roedd o'n warden ac wedi gweld y difrod a wnaethpwyd.

Heb ymhelaethu rhyw lawer, carwn ddweud gair am y dref hynafol hon, gan iddi gymryd rhan amlwg yn Rhyfeloedd Cartref 1642-1648 rhwng byddinoedd y Brenin Siarl a'r Senedd a milwyr Oliver Cromwell. Roedd tri gwarchae wedi bod yn y dref oherwydd roedd yn gadarnle i'r Brenhinwyr. Wedi i'r rhyfel ddod i ben gorchmynwyd pobl Newark i ddinistrio'r castell oedd wedi'i adeiladu yn y ddeuddegfed ganrif, ond diolch ni chwblhawyd y gwaith ac mae wyneb y porthdy Normanaidd argraffedig yn aros o hyd. Nid yw coedwig Sherwood a chartref Robin Hood yn rhy bell, a Southwell gyda'i Gadeirlan Normanaidd godidog gerllaw.

Daeth hi'n hydref i'w deimlo, yn enwedig y nosweithiau pan fyddem ar ddyletswydd gwyliadwriaeth. Ond yn lle cael dillad cynhesach, galwyd ni i'r stordy dillad un diwrnod i gael dillad ysgafn, dillad trofannol: KD, trowus cwta, helmed pith – dillad yr un lliw â thywod. Bu llawer o ddyfalu i ble roedd y *138 Mechanical Company* am fynd. Un peth oedd yn sicr – fod gwlad pen y daith yn boeth iawn.

Rhyw gicio'n sodlau a gwneud dim, fwy neu lai, fu ein hanes wedyn am gyfnod. Bu'n destun hwyl yn ein mysg a rhai'n dweud fod y llong wedi hwylio o'r porthladd hebddom.

Symud i'r Alban

Tua diwedd Tachwedd 1940, daeth gorchymyn o'r Pencadlys am i ni hel ein pac, ac ein bod yn canu'n iach â Newark on Trent. Tua'r amser yma cof gennyf ddisgwyl gorchymyn ar pryd i gychwyn gan ein swyddog. Roeddem yn eistedd mewn iard goncrit pan y canfûm rhywun yn siarad ag acen Gymreig. Codais a mynd ato gan ofyn yn Gymraeg, "O ble wyt ti'n dwad?" "O Rosgadfan," meddai, "a Huw Griffith ydi fy enw, pobydd wrth fy ngalwedigaeth, ac yn gweithio mewn siop fara yng Nghaernarfon." Hogyn clên, yn llawn bywyd oedd Huw. Cawsom gwmni ein gilydd y pnawn hwnnw tan bore wedyn. Roedd Huw wedi ymuno â'r *138 M.E. Coy* ac felly tybiais y cawn ei gwmni ar y daith, i ble bynnag oeddem yn mynd. Ond nid felly y bu. Deallais wedyn bod rhai *sappers* wedi cael eu dal yn ôl i fynd i Wlad yr Iâ. Siomedig oeddwn am hyn.

Galwyd ni ar parêd i gyfrif a oeddem i gyd yn bresennol ac wedyn ffwrdd â ni i'r orsaf ac ar y trên oedd yn trafaelio i'r gogledd. Mae'n amlwg ein bod yn cyrchu at rhyw borthladd yn y gogledd.

Glasgow

Wel i ddinas fawr Glasgow yn yr Alban y cyrhaeddom, a'n llety y tro hwn oedd ysgol fawr. Mae arna i ofn nad wyf yn cofio ei henw yn iawn. Byr oedd ein arhosiad yn Glasgow ond pleserus ddigon. Cofiaf i mi gael mynd mewn bws i weld Loch Lomond a'r golygfeydd ysblennydd sydd o'i gwmpas. Welson ni mo'r anghenfil, dim affliw ohono! Dw i'n cofio i'r *138 M.E.* gynnal cyngerdd yn neuadd yr ysgol gyda chymorth doniau lleol oedd wedi dod atom. Roedd rhai yn eithaf talentog mewn canu, adrodd ac actio. Roedd ein prif swyddog Major Cubbit, Capten Stannier a Lifftenant Leishman yno. Y Lifftenant oedd yn arwain a galwodd ar lond llaw o Gymry oedd yno ymlaen i ganu Hen Wlad fy Nhadau. Roedd 'na hen floeddio a chawsom gymeradwyaeth fyddarol!

Daeth tua 250 o bobl leol i ymuno â ni, ac roedd mynd da ar ganu Annie Laurie. Ar y diwedd cawsom baned o de a theisen *Scotch* a dw i'n rhyw feddwl mai'r bobl leol oedd wedi darparu ar ein cyfer, achos genethod ifanc oedd yn gweini. Dw i'n cofio un, Muriel Macdonald oedd ei henw, yn dod ataf i siarad, hogan glên dros ben a chanddi frawd yn y fyddin. Roeddem ein dau yn cael dipyn o drafferth deall ein gilydd yn siarad ar y dechrau oherwydd acen drom y Jocks ac acen yddfol y Taffs. Cawsom lot o hwyl am hynny.

Roedd ganddi ddau docyn i fynd i gyngerdd yn Paisley, a chynigiodd i mi fynd gyda hi. Wel, mi oeddwn rŵan mewn tipyn o bicyl. Doedd wiw i mi yngan gair ein bod yn debygol o dderbyn galwad i symud unrhyw funud neu fuaswn yn y tŷ gwydr ar fy mhen am dorri deddf gyfrinchedd, rhag ofn i'r wybodaeth o'n symudiadau fynd i law y gelyn.

Wel, meddyliais yn sydyn a meddwn, ar ôl mawr ddiolch iddi, fy mod wedi gweld fy enw ar y ford rhybuddion i gyflawni gorchwylion y dyddiad hwnnw. Siom!

Ffurfiwyd tîm bach peldroed tra roeddem yn Glasgow a gan ein bod yn lled agos i barc enwog Hampden, cawsom ganiatâd i ddefnyddio'u cae hyfforddi i chwarae. Byddaf yn tynnu coes ambell un fydd yn brolio'i hun trwy ddweud fy mod i wedi bod yn chwarae peldroed yn Hampton Park!

Kilmarnock

Symud eto ar fyr rybudd fel o'r blaen. Galwyd parêd; wedi'r cyfrif i weld a oedd cwmni 138 i gyd yn bresennol, cawsom hanner awr i gael ein pethau at ei gilydd, ac i ffwrdd â ni hefo'r *kit bag* ar ein cefn ac i mewn i lorïau oedd yn disgwyl amdanom. Taith o thua ugain milltir, ond nid i borthladd 'chwaith; pellach oddi wrtho os rhywbeth, sef i dref Kilmarnock. Ein llety yno oedd ysgol fawr o'r enw Loane Head.

Cawsom flanced wlân i orwedd arni neu i roi trosom; doedd yno ddim gwelyau. Pobl groesawgar oedd trigolion Kilmarnock ac mae gennyf le i ddiolch iddynt am swper lawer tro.

Chwarae sowldiwrs, ymarfer corff a gorymdeithio oedd hanes y 138 *Mech. Equip.* y rhan fwyaf o'r amser a chael mynd i'r pictiwrs ambell waith neu gyngerdd dro arall, os buasai'r pres prin yn caniatáu. Un bore a hithau yn agosáu at y Nadolig, galwyd parêd a chawsom ar ddeall ein bod am gael *embarkation leave*. Roedd hynny yn golygu cael seibiant bach cyn hwylio ar y llong.

Seibiant unwaith eto

"Saith niwrnod yn unig," meddai Major Cubbit, "a bydd rhai ohonoch yn cael *warrant* teithio y pnawn 'ma." Wel, am falch yr oeddem o gael mynd adref a chael treulio gwyl y geni gyda'n hanwyliaid. Cefais i a Tom, Cyril, Maxi a Dyfrig ein papurau teithio yn hwyr y pnawn hwnnw, sef 23 Rhagfyr 1940, dau ddiwrnod cyn y Nadolig.

Pan gyrhaeddasom yr orsaf, cawsom wybod y byddai'r trên nesaf yn dod i mewn i'r orsaf ymhen tua awr ac er mwyn lladd amser aethom i westy oedd gerllaw. Blin gennyf gyfaddef, ond digwyddodd tro trwstan drybeilig.

Roeddem ein pedwar wedi eistedd wrth fwrdd bach yn ymyl y bar yn mwynhau gwydriad bach, dim byd cryf, seidar neu shandi gan dri ohonom a lemonêd wrth gwrs gan Cyril. Yn sefyll yn y bar sylwasom ar rai milwyr proffesiynol. Ymhen dim o amser daeth rhai ohonynt atom i sgwrsio, hogia clên. Ninnau'n dweud, "be 'dach chi'n yfed?" "O, *stand fast* ydi'r diod i filwyr go iawn," meddant, "mae diod feddal yn iawn i *rookies*." Ninnau'n teimlo dipyn allan ohoni ym mysg y rhain ac yn ddigon gwirion i archebu'r *stand fast* 'ma a'i yfed. Daeth yr amser i ni fynd am y platffform lle roedd y trên yn disgwyl, ond och! Cyn gynted ag y dois allan i'r awyr agored teimlais fy hun yn hollol ddiymadferth. Sôn am *stand fast* wir, roedd yn anodd sefyll o gwbl a gorfu i'm ffrindiau fy hanner llusgo i'r trên, a dw i'n siŵr ein bod wedi cyrraedd gorsaf Carlisle cyn i mi ddod ataf fy hun a dadebru.

Cyrhaeddais orsaf Bangor yn oriau mân y bore. Dw i'n cofio bod 'na adeilad nid nepell o'r orsaf, y Y.M.C.A., os cofiaf yn iawn. Cefais fy nghyfarwyddo yno, a chefais groeso mawr. Roeddynt yn gwneud gwaith gwirfoddol i helpu rhai o'r lluoedd arfog. Ar ôl i mi gael paned dda o de a thost ac ymlacio tipyn am rhyw awr, roedd y wawr yn torri ac yn dechrau goleuo oddi allan. Daeth dyn ataf a gofyn, "Ble ydych chi eisiau mynd?" "I Landdaniel," meddwn. "Wel, dowch 'ta," meddai gan afael yn yr *haversack* oedd wrth fy ochr, "âf â chi adref." Wel, am falch oeddwn o gael lifft pob cam i ddrws fy ngartref, Drogan, gan y cymwynaswr di-enw.

Bore-godwyr oedd fy Nhad a Mam, 'cyn codi cŵn Caer' yn wir. A'r bore hwnnw roedd y ddau i lawr, ac wrthi nerth eu bywyd. Cefais groeso mawr fel arfer a mawr oedd y sgwrsio a'r holi. Amser pluo a thrin tyrcwns, gwyddau, hwyiaid a chywion ieir oedd hi yr amser hyn o'r flwyddyn ac Alice a Jeni, fy chwiorydd, wedi dod adref i helpu ynghyd â Megan fy chwaer fach.

Ar ôl bwyta brecwast o gig moch a dau o wyau blasus yr ieir *White Leghorn* oedd bob amser yn fferfryn ymysg yr ieir a gedwid yn Drogan, bwriais innau i roi help llaw gyda'r da pluog.

Tuag amser cinio y diwrnod hwnnw daeth cnoc ar y drws. Aeth un o'm chwiorydd i ateb, ac er mawr syndod pwy oedd yno ond fy nghyfaill Ifan Tŷ'n Brwyn. Adnabûm y llais o bell. Roedd yntau wedi dod adref ar *leave* o dde Lloegr, a minnau o'r Alban yr union amser. Wel, anhygoel!

Roedd fy mhenblwydd yn un ar hugain yn nesáu a phryd hynny hwn oedd yr oed swyddogol i gael allwedd y tŷ. Penderfynodd fy Nhad a'm Mam brynu modrwy aur i mi, a dyma fynd hefo Mam i Fangor i ddewis modrwy. Yn siop Wright and Griffiths, sydd ychydig o latheni o'r cloc mawr, y prynwyd y fodrwy. Mae'r siop yno yn y fan a'r lle ac yn cadw busnes gemwaith hyd heddiw, ac mae'n dda gennyf ddweud fod y fodrwy aur, y mae gennyf feddwl y byd ohoni, yn dal ar fy mys ar ôl treialon 64 mlynedd ond wedi gwisgo peth gyda threiglad amser.

Yn y fan yma mae'n rhaid i mi ddweud hanesyn bach. Gan mai sêl fodrwy oedd hi, rhaid oedd gadael y fodrwy yn y siop er mwyn i'r sgythrwr (*engraver*) gael torri llythrennau fy enw, E.G.M. arni. Ond y broblem oedd na fuasai yn barod am ddiwrnod arall, a'r diwrnod hwnnw y dylswn fod ar y trên ac ar fy ffordd i'r Alban.

Cefais sgwrs gyda'm cyfaill Ifan a daethom i benderfyniad ein bod am gymryd diwrnod ychwanegol o *leave* gan obeithio y gallwn sleifio i mewn i'r ysgol yn Loan Head cyn galw'r *roll call*, ag Ifan yr un modd i'r gwesyll yr oedd ynddo.

Wel, cefais y fodrwy wedi ei cherfio yn gain iawn, a balch iawn yr oeddwn ohoni. Daeth yr amser i ffarwelio â'm teulu a'm cyfeillion eto a gwneud fy ffordd yn ôl i'r Alban. Ychydig a feddyliais ar y pryd y buasai yn bedair blynedd a phum mis cyn i ni weld ein gilydd eto.

Bydd glaswellt ar y llwybrau i gyd
Cyn delwyf i Gymru'n ôl.

Dychwelyd i Kilmarnock

Cefais fraw pan gyrhaeddais yr ysgol yn Kilmarnock o'i gweld yn wâg ac eithrio un Corporal a dau filwr. Eglurodd y Corporal i ni fod *138 M.E. Coy.* wedi symud i le nid nepell o Kilmarnock y diwrnod cynt. Y nhw, meddai, oedd yr ôl-fyddin (*rear guard*). Roedd yr hen foi yn reit glên, a meddai, "You were lucky the *red caps* [heddlu'r fyddin] didn't stop you. It is a serious crime in the army to be absent without leave." Un peth roeddwn yn falch ohono, daeth pum milwr arall wedi cyflawni'r un drosedd yn gwmni i mi.

"Climb into that truck; we are off now," meddai'r Corporal. Ymhen yr awr roeddem yn East Kilbride. "Fall in, I will march you to the guardroom," oedd y gorchymyn nesaf ac yno y buom, y chwech ohonom, drwy'r nos a dau filwr arfog yn ein gwarchod. Buasai rhywun yn meddwl ein bod wedi cyflawni anfadwaith ofnadwy.

Cosb

Tua chanol y bore daeth y Sarsiant i mewn a dweud ein bod yn mynd o flaen y Major, a darllen rhywbeth i ni o'r *King's Rules and Regulations* am *absent without leave*. Y fi oedd y cyntaf i'm galw i mewn gan y Major. "Sergeant, march in," meddai, ac i mewn â fi o'i flaen. Wedi iddo ddarllen y cyhuddiad yn fy erbyn roedd yn rhaid i mi ddiolch iddo: "Thank you, sir, for permission to speak." Heb wneud unrhyw esgusodion, fel salwch neu golli'r trên, dywedais hanes y fodrwy aur wrtho a'i dangos iddo am fy mys. "Oh," meddai, "sentimental excuse. Seven days confined to barracks with extra duties and a very lenient sentence!" Ac a dweud y gwir mi roedd y gosb yn ddigon ysgafn. Gwaeddodd y Major, "Sergeant, march out," a'i fwstash yn crychu i fyny at ei drwyn, "left, right, left..."

Roedd y ddedfryd yn golygu ein bod yn reportio yn y *Guard Room*, y chwech ohonom, am hanner awr wedi chwech bob bore gyda'r pac ar ein cefnau, ac yn martsio i fyny ac i lawr am o leiaf hanner awr. Rhaid cofio ei bod yn drybeilig o oer ac yn rhewi bob nos yn East Kilbride yr amser hynny. Ar ôl y borefwyd, ein dyletswydd oedd, yn gyntaf golchi a glanhau celfi a llestri'r gegin (yr uwd wedi glynu yn y sosbenni), yna sgwrio'r lloriau'n lân a gwneud yr un fath ar ôl yr hwyr bryd. Roedd hon yn wythnos hir, ond rhaid cyfaddef ein bod yn ffit iawn ar ôl yr holl ymarfer!

Hwylio Dramor

Cafodd pawb yn y *138 Mech. Equip. Coy* ddillad newydd, dillad trofannol ar gyfer y gwledydd poeth. Diwrnod bythgofiadwy oedd y pumed o Chwefror 1941. Daeth y Sarsiant i mewn rhywbryd yn y bore bach i ddweud wrthym am godi a hel ein pac, ein bod yn symud ar fyr rybudd ac yn hollol gyfrinachol. Ac meddai, "Go to the Cookhouse for the day's rations." Llwythwyd ni i drên ac i ffwrdd â ni. Taith fer oedd hi, a diolch am hynny, oblegid roedd yn oer ddychrynllyd. Roedd wedi bod yn bwrw eira yn y nos – eira gwyn ar bant ac ar fryn i'w weld trwy'r ffenestri ac wedi troi i rewi erbyn y bore.

Y peth oedd yn fy mhoeni i yn fwy na dim ar y siwrnai y bore hwnnw oedd fod gennyf losg eira gebyst ar fy nhraed. Gan eu bod wedi cosi gymaint a finnau wedi bod yn eu crafu, roeddynt yn torri allan yn friwiau cythreulig.

Diosgais fy 'sgidiau a'r sanau oddi am fy nhraed a rhwbiais hylif yr oeddwn wedi'i brynu mewn siop yn y pentref arnynt. "Put your boots back on. We can't stand the b.... horrible smell," gwaeddodd Maxi fy nghyfaill. Dw i ddim yn gwybod p'run ai'r hylif ynteu'r traed yr oedd yn ei feddwl!

Symud dramor

Roedd Jock Mackie oedd wedi bod yn milwrio yn yr India ac yn dipyn o wag wedi dweud wrthym, "We are going to Greenock to board ship," ac mi roedd o yn llygad ei le. Yn y fan honno yn ein disgwyl roedd llong fawr o'r enw *Llangybi Castle*. Roedd hon wedi'i haddasu rhyw gymaint i gludo milwyr i bellafoedd byd. Cyn pen fawr o amser galwyd ni i ffurfio rhengoedd i fynd ar ei bwrdd a'r *kit bags* ar ein hysgwyddau. Ar ôl rhoi label â'n henwau ar y *kit bag* a thynnu ambell i beth ohono, cludwyd hwy i rhywle yng ngwaelod y llong, gan nad oedd eu heisiau ar y fordaith.

Cawsom ninnau y *138 Mech. Equip. Royal Engineers* ein harwain i lawr ysgolion a grisiau i'r gwaelod i howld y llong a chael ein pacio fel penwaig mewn tun – hamoc yn crogi o'r nenfwd i bob un ohonom. Doedd dim syndod eu bod yn gallu stwffio dros dair mil o filwyr, heb gyfrif y criw, i mewn i'r hen long.

Daeth un o swyddogion y llong i weiddi ar y corn siarad a cheisio rhoi rhyw fath o groeso i ni ar ei bwrdd, a rhoi gwybodaeth i ni ble i fynd am docynnau bwyd ac yn y blaen. Beth i'w wneud a pheidio ei wneud. Roedd y llwytho wedi dod i ben ar fore yr wythfed o Chwefror 1941. Daeth y dyn ar y corn siarad eto i ddweud ein bod yn codi angor ac yn gadael Greenock a hwylio i lawr y Clyde i'r môr mawr.

Y noson gyntaf i ni geisio cysgu yn yr hamoc, ychydig iawn o gwsg a gafodd unrhyw un ohonom. "I didn't sleep a wink," meddai Maxi, a llawer yn dweud yr un fath oblegid roedd yn annioddefol o boeth a minnau erioed wedi arfer cysgu yn y fath bethau.

Salwch Môr

Os oedd yn ddrwg y noson gyntaf, roedd yn saith gwaeth yr ail noson oherwydd salwch môr. Mi fuaswn yn dweud fod traean o'r hogiau yn wael ac yn gorfod rhedeg am y toiledau, ac wedi cyrraedd, canfod bod rhywun yno'n barod. Wedyn gorfod bod yn sâl ar lawr, a hynny'n achosi aroglau drewllyd yn gymysg ag aroglau chwys o'r hawld.

Penderfynodd Dyfrig Morgan a minnau geisio mynd i fyny ar y dec, a bod yn wyliadwrus rhag i rywun o'r criw ein gweld. Erbyn hyn mi roedd y ddau ohonom yn sâl fel cŵn ac yn taflu i fyny dros y rêls i'r môr. Mi oedd yn oer ofnadwy hefyd, i wneud pethau'n waeth. "Aros di yma. Mi af i i lawr i nôl dwy flanced," meddai Dyfrig.

Tra bu i lawr yn nôl y blancedi sylwais ar gist bren anferth tua wyth troedfedd o hyd oddi tan y grisiau llydan oedd yn mynd i fyny i'r dec uwch ben. Wel dyma guddfan hwylus, meddyliais, i orwedd tu ôl iddi. Daeth Dyfrig yn ôl wedi llwyddo i gael dwy flanced wlân nobl. A dyma ni'n dau yn lapio'r rhain amdanom a thu ôl i'r gist â ni!

Cawsom ein dau noson dda o gwsg a deffro gyda'r wawr, fore'r degfed o Chwefror 1941. Y dasg gyntaf oedd plygu'r flanced a'i dodi yn ôl yn yr hamoc heb achosi llawer o gyffro. Doedd Dyfrig na finnau wedi bwyta tamaid ers tridiau dim ond yfed dŵr.

Disgwyliais i'r dyn corn siarad gyhoeddi fod y brecwast bron yn barod ac y byddai'r drysau yn agor ymhen pum munud. Aethom ein dau i lawr i'r ystafell fwyta. Dw i'n cofio'n dda i ni gael powliad o uwd i ddechrau a phryd ysgafn wedyn. Nid wyf yn cofio beth oedd, ond llwyddasom i'w gadw i lawr beth bynnag.

Noson stormus
Y noson honno cododd yn dymestl fawr ym Môr Iwerydd nes bod yr hen long yn cael ei thaflu i fyny ac i lawr o don i don. Yn wir tybiais ar brydiau ei bod ar ben arnom. Ond gwell oedd gan Dyfrig a minnau fynd i fyny i'n gwâl a swatio tu ôl i'r hen gist.

Y bore canlynol a'r storm wedi gostegu, roedd Dyfrig a minnau yn eistedd ar y gist yn disgwyl clywed y dyn corn siarad yn dweud fod yr ystafell fwyd ar fin agor. Gwelsom swyddog, un o'r mêts mi gredaf, yn dynesu atom. Gofynnodd yn Saesneg mewn acen Gymreig beth oeddem yn ei wneud yn y fan honno.

Eglurodd fy nghyfaill ein bod wedi bod yn sâl môr yn ddrwg iawn, bron marw yn ein tyb ni, yn hawld y llong ac wedi dod i fyny i gael awyr iach. "You're from South Wales," meddai wrth Dyfrig, "and what part?" "Gorseinon, Sir," atebodd. "Well, well, I'm from Abertawe," meddai, a bu'n sgwrs rhwng y ddau. Ei sylw pan soniais am y storm oedd "A north-westerly gale, not severe," a ninnau'n credu ei bod y storm waethaf ar fôr Iwerydd erioed. "Be careful here boys. See you again," meddai.

Cefnfor Llawn Peryglon
Un ymysg ugeiniau o longau eraill yn y confoi oedd y Llangybi, yn morio yn igam ogam ar draws miloedd o filltiroedd ar gefnfor llawn peryglon oddi wrth longau tanfor a llongau distriw yr

Almaen. Roedd Hitler wedi gorchymyn i Admiral Donitz y byddai'n disgwyl clywed ganddo fod o leiaf un llong o eiddo'r Cynghreiriaid yn cael ei suddo bob dydd, a thrwy hynny yn amddifadu'r wlad hon o fwyd, a'i llwgu nes gorfod i ni ildio! Ac yn ôl yr hanes bu'n bur agos iddo lwyddo!

Ar ôl yr ail wythnos a ninnau yn morio fwyfwy i'r de bob dydd a'r hin yn cynhesu, gwelwyd llawer mwy o'r hogiau yn dod i fyny ar y dec i gysgu'r nos ac i gynnal chwaraeon, megis 'Howsi, howsi', 'Doctor's orders', 'Legs eleven' ac yn y blaen yn ystod y dydd – enwau digrif odiaethol!

Cyrraedd Freetown

Oddeutu tair wythnos wedi gadael Greenock, meddai Dyfrig, "Edrych draw, rydym yn dynesu at y tir." Ac fel roedd yn goleuo y bore hwnnw gwelsom olygfa ysblennydd a'r hen long yn mynd yn nes ac yn nes i hafan ddymunol Freetown, Sierra Leone ar arfordir gorllewinol Affrica – coed amryliw a llwyni o bob math yn gymysg â lliwiau'r dref yn codi awydd arnom i gael glanio a rhoi ein traed ar *terra firma* unwaith eto ar ôl gweld dim ond môr o'n cwmpas ymhobman am dair wythnos.

Ond nid felly yr oedd hi i fod. Dim ond dod i mewn i'r harbwr ac angori am rhyw ddau ddiwrnod i gael cyflenwad o fwydydd a dŵr glân yr oedd yr hen long.

Golygfa i'w chofio oedd gweld ugeiniau o'r brodorion a'u plant yn rhwyfo o gwmpas y llong yn eu cychod bach a rheini'n llawn o ffrwythau o bob math i'w gwerthu i ni. Y dull i'w cael i fyny ar y dec oedd eu rhoi mewn basgedi bach gwiail a chortyn wedyn i'w codi, "Heave, ho," a ninnau wedyn yn rhoi'r pres yn y fasged a'i gollwng i lawr. Ac os digwyddai ryw anffawd bach i'r fasged, a weithiau golli ceiniog neu ddwy ar y ffordd i lawr i'r cwch, wel sôn am regi, ac yn Saesneg bob gair wrth gwrs. Ni fedrent siarad Saesneg, ond y rhegfeydd! Weithiau byddai ambell i geiniog yn syrthio i'r dŵr a byddai'r plant yn plymio i'r gwaelodion ar ei hôl a dod i fyny â'r geiniog a gollasid rhwng eu dannedd.

Roedd yn werth chweil eu gweld yn plymio fel pysgod ar ôl y pres, a byddai'r hogiau'n taflu ceiniogau i'r dŵr er mwyn gweld y ffasiwn gampau. Bu i un o swyddogion y llong droi pibell ddŵr

85

gyda grym mawr yn y dŵr ar y creaduriaid bach nes oedd eu cwch yn troi drosodd. Gwnaethom gŵyn am hyn.

Parhau â'r Daith

Gadawsom Freetown, Sierra Leone yng nghwmni llongau eraill y confoi. Roeddem yn bur agos i'n gilydd i gychwyn ond wedyn yn gwahanu nes oedd cryn bellter rhyngom ac o olwg ein gilydd.

Yn ystod yr ail ddiwrnod a ninnau yn morio tua'r de eto, a'r hin yn poethi fwyfwy wrth ddynesu at y cyhydedd, digwyddodd i un o beiriannau'r llong dorri i lawr, ac o'r herwydd ni fedrai'r Llangybi Castle ddal i fyny gyda'r confoi – roedd wedi arafu yn arw.

Cynghorodd y Prif Beiriannydd y byddai'n well i ni ddychwelyd yn ôl i Freetown, er y byddai hynny yn rhyfygu yn arw oherwydd yr *U-boats* a llongau distryw y gelyn, a llawer yn dweud mai *sitting duck* fyddai'r Llangybi.

Teimlad annifyr oedd gweld y confoi yn pasio heibio a'n gadael ar ôl megis. Cyn pen dim o amser daeth *corvette* atom – llong ryfel fach gyflym oedd hon – i'n hebrwng ar y daith yn ôl i Freetown.

Bu cyffro mawr un hwyrnos pan ganfu y *corvette* fod *U-boat* o gwmpas. Eistedd ar y dec yr oeddwn yng nghwmni Cyril a Maxi, a gwelsom y môr yn ffrochio i fyny am droedfeddi mewn mannau o'n cwmpas. Eglurodd y llongwyr i ni mai bwrw y bomiau tanfor, *depth charges*, oeddynt. Roedd y bomiau hyn yn ffrwydro o dan y dŵr ac felly yn fwy tebygol o daro *U-boat* ac achosi difrod iddi.

Cyrraedd Freetown eto

Cawsom ddihangfa y tro hwnnw a llonydd i fynd yn ôl i harbwr Freetown. Digon araf deg fu'r daith yn ôl, rhyw lusgo mynd, a chymerodd ddyddiau i gyrraedd pen y daith; nid wyf yn cofio'n hollol faint.

Cawsom ar ddeall y byddai'n rhaid disgwl am y confoi nesaf i gyrraedd ymhen tua pythefnos, a wedyn ein trosglwyddo i long arall i fynd ymlaen ar ein taith. Braf oedd cael mynd ar y lan bob dydd a mwynhau prydferthwch y wlad. Ychydig o ymarfer milwrol bob dydd a martsio o gwmpas y dref am oddeutu awr, a dyna'r cwbl.

Perthyn i'r llynges Brydeinig oedd y cantîn ar y bryn gerllaw a buont yn garedig i adael i ni ei ddefnyddio i dorri ein syched oherwydd roedd gwres y dydd yn danbaid yn Sierra Leone.

Un peth sydd wedi ei argraffu ar fy nghof yw gweld criw bach o'r brodorion wedi ymgynull i sefyll ar ochr y stryd ac yn canu'r emyn adnabyddus *Stand up, stand up for Jesus* gydag arddeliad. Cristnogion o Fyddin yr Iachawdwriaeth oedd y rhain a hyfryd oedd eu gweld.

Llong arall

Ymhen tua pythefnos daeth confoi i'r porthladd a throsglwyddwyd cargo'r Llangybi i wahanol longau. Nyni y milwyr oedd y cargo, wrth gwrs! Cymerwyd ni, yr *138 M.E. Coy*, ar long o'r enw Orcades – clamp o long fawr ac yn fwy modern na'r Llangybi. Roedd pwll nofio a lle i gynnal chwaraeon ar hon a gwell bwyd a chyfleusterau hefyd a chyfle i brynu ambell i lager oer.

Bocsio oedd un o'r chwaraeon y byddwn yn cymryd rhan ynddi. Cawsom lot o hwyl yn cynnal gornest. Mae'n siŵr fod yr amser pan oeddwn yn hogyn ysgol gyda Huw Price fy nghefnder a minnau yn waldio'n gilydd yn Lôn Tŷ Mawr wedi bod yn dipyn o help!

De Affrica

Gadawsom Sierra Leone gyda llongau eraill a llong ryfel fawr. Roedd un ohonynt, sef yr Orion, yn chwaer long i'r Orcades. Roedd yn bleser ffarwelio â'r hen long ddrewllyd y Llangybi Castle a diolch byth am hynny. Ond diolch byth hefyd am yr hen gist fawr oedd arni, a fu'n lloches i Dyfrig a minnau mewn tywydd gerwin, a rhywsut mae'r hen gist goed yn parhau yn annwyl iawn yn y cof.

At i lawr oeddem yn mynd ar hyd yr arfordir gorllewinol heibio i arfordir Ifori, arfordir Grawn ac arfordir Caethweision fel y gelwid ef i gyfeiriad De Affrica. Enw arall ar y llefydd hyn oedd Beddrod y Dyn Gwyn. Mi oedd yn annioddefol o boeth ar adegau.

Roedd 'na siop hefyd ar yr Orcades a prynais gamera bach *Kodak*. "Mi fydd yr awdurdodau yn cymryd gafael o hwnna!" meddai Cyril. "Cawn weld!" meddwn innau. Bu'n agos lawer gwaith i mi orfod ei roi i fyny, ond llwyddais i'w guddio'n rhyfeddol, ac mae yn fy meddiant o hyd. Mae'r lluniau a dynnais pan oeddwn yn y Dwyrain Canol i'w gweld hefyd.

Kaapstad (Cape Town)

Ymhen tua thair wythnos a ninnau wedi rowndio'r Penrhyn Gobaith Da, daethom i olwg tir De Affrica a chyn pen dim o amser roedd yr Orcades yn bwrw angor ac yn ddiogel ym mhorthladd Kaapstad (Cape Town). Dyma ail hanner y fordaith i ben a minnau erbyn hyn oddeutu chwe mil o filltiroedd o Wlad y Gân. Ond ni pheidiasom â chanu. Byddai'r criw bach o Gymry oedd ar fwrdd yr Orcades yn dod at ein gilydd yn aml i'w morio hi ar gân.

Roedd caniatâd i ni fynd i'r dref bob dydd ond i ni gael tocyn cyn gadael y llong a'i ddangos wrth ddod yn ôl. Buom yn y Delmonica un noswaith. Wel sôn am groeso tywysogaidd a gawsom! Cyn gynted ag yr eisteddodd Maxi, Dyfrig a minnau, daeth gŵr bonheddig atom i'n croesawu ac estyn gwahoddiad i ni ymuno gydag ef a'i gyfaill a rhannu ei fwrdd. Derbyniasom yn llawen! Cawsom bryd o fwyd blasus dros ben ac unrhyw beth oeddem ei eisiau i yfed, ac mi dalodd y gŵr bonheddig am bob dim.

Daethom i adnabod tua phump neu chwech o hogiau o Gymru y noson honno. Yn eu plith roedd Capten o'r R.A.M.C., os cofiaf yn iawn – un da am chwarae'r piano oedd o hefyd. Galwodd ni o amgylch y piano i ganu hen alawon Cymreig. Cawsom geisiadau i ganu ein hanthem genedlaethol, Hen Wlad Fy Nhadau, sawl gwaith y noson honno i gymeradwyaeth y *Springbox*. Roedd llongwyr yr Orcades wedi dweud wrthym fod trigolion De Affrica yn hynod o garedig a chroesawgar. Ac mi roeddynt yn llygad eu lle!

Y diwrnod cyn i ni ymadael â Kaapstad a minnau yng nghwmni Dyfrig a Cyril yn y dref yn siopa ychydig bach, daeth merch ifanc atom a gofyn a oeddem eisiau mynd efo hi am bryd o fwyd. Na, nid golwg llwglyd arnom oedd i gyfrif am ei gwahoddiad caredig ond dyna'i ffordd hwy o roddi croeso mawr i'r lluoedd arfog. Roedd yn rhaid egluro ein bod wedi cael pryd o fwyd yn barod, a'n bod yn dra diolchgar am ei charedigrwydd. "Wel, dewch gyda mi am goffi ta," meddai. Tra'n mwynhau y coffi da eglurodd mai nyrs yn un o ysbytai y dref oedd hi, wedi'i geni a'i magu ym Manceinion, ac yn gyfarwydd iawn â Gogledd Cymru.

Cawsom anrheg o 50 o sigarennau yr un ganddi. Yr adeg hynny roedd cerdyn llun blodau'r maes ym mhob paced o sigarennau. Mi gedwais y llun yn ofalus i gofio am y nyrs ac mae gennyf hyd heddiw.

Digwyddiad Anhygoel

Mewn siop fawr debyg i Woolworth yr oeddwn, ymysg miloedd o filwyr yn mwynhau hoe fach, a thybiwn i mi weld rhywun tebyg i Ifan Tŷ'n Brwyn, fy nghyfaill dyddiau ysgol. Wrth nesu ato, ni allwn goelio fy llygaid bron, a dyma fi yn mynd o'r tu ôl heb iddo fy ngweld a'i gyfarch, "Ifan, be wyt yn ei wneud yn fama?" Wel anhygoel – 'cynt cwrdd dau ddyn na dau fynydd' meddai'r hen air! A dyma ni ein dau wedi cyfarfod â'n gilydd eto wrth droed mynydd enwog Kaapstad, mynydd a'i dop yn wastad fel bwrdd ac yn agos i chwe mil o filltiroedd o bellter o Gymru fach.

Bu'r ddau Ifan, y fo a finnau, yn treulio gweddill y pnawn hwnnw yn sôn am hynt a helynt ein gilydd, ac wrth reswm am yr hen ardal a'n teuluoedd. Doeddem ill dau heb gael gair o lythyr ers dau fis.

Daeth yn amser mynd yn ôl i'r llong, y fi i'r Orcades a Ifan i'r Orion ei chwaer long, a ffarwelio â Kaapstad a'i charedigion. Dywedodd un o'r llongwyr wrth ein holi sut groeso a gawsom, mai dyna oedd y drefn yn Durban a phorthladdoedd eraill wrth groesawu aelodau o'r lluoedd arfog. Roedd eu lletygarwch yn enwog drwy'r byd.

PENNOD 15

Yr Aifft

A dyna gychwyn ar y drydedd rhan o'r fordaith, a chyn fawr o amser roeddem yn morio ar Gefnfor India. Bu cryn ddyfalu i ble yr oeddem yn mynd – rhai yn dweud India, eraill yn dweud Dwyrain Affrica, ble roedd Mussolini a Hitler yn mynd trwy eu pranciau. Roedd rhai yn sôn am ymladd ffyrnig yn anialwch yr Aifft. Ond cyn hir trôdd y confoi o Gefnfor India i gyfeiriad y gogledd a heibio Madagascar a Mozambique.

Erbyn hyn roeddem yn eithaf sicr mai'r Aifft fyddai diwedd y fordaith. Cyrhaeddasom Gwlff Aden, a'r tymheredd wedi codi i dros gant gradd. Lle poeth ofnadwy. Yn y fan hyn roedd y môr wedi culhau a'r tir yn dod i'r golwg, a chyn pen dim o amser roedd yr Orcades yn morio i fyny'r Môr Coch ac i mewn i borthladd Twffic ar ôl tair wythnos o fordaith o Dde Affrica.

Mis Mai oedd hi, a minnau wedi bod dri mis ar y Cefnfor o'r 8fed o Chwefror i'r 8fed o Fai 1941. Siawns nad oeddwn yn eithaf llongwr erbyn hyn a gobaith cael joban ar Fflat Huw Puw os cawn ddod adref.

Un peth da ddaeth i'm rhan – cefais gyfle i ddarllen bob llyfr y cefais afael arno ar fwrdd y llong.

Gwlad Ffaro

Cludwyd ni o'r dociau mewn lorïau i wersyll yn yr anialwch. Doedd 'na fawr ddim byd yno ond tywod a miloedd ar filoedd o bryfed. Roedd gronynnau tywod yn ffeindio'u ffordd i'n cegau ac yn grinjan rhwng ein dannedd a'r pryfed yn benderfynol o fynd i'n

91

tun bwyd o'n blaenau a'r Khamsin poeth yn chwythu o'r de yn codi'r tymheredd i 120 gradd. Roedd bord pren wedi'i chodi yn y gwersyll ac arni ein henwau a'r amser a'r oriau oeddem i wneud gwyliadwriaeth.

Byddai'n boeth iawn yr oriau cyntaf o'r gwylio, heb fawr ddim dillad amdanom, a'r rheini yn rhai ysgafn a dryll *Lee Enfield* a bwledi ar ein hysgwydd, ond roedd yn bwysig cofio rhoi ein côt fawr *khaki* wrth law yn yr ystafell wylio. Pam y gôt fawr, meddwch. Wel, yn oriau mân y bore, cyn codiad haul, byddai'r tymheredd yn newid o'r naill begwn i'r llall a digon oer i rewi llyffantod Ffaro, a balch iawn oeddem o'r gôt fawr y pryd hynny.

Tua hanner awr o waith cerdded o'r gwersyll ac roeddem ar draeth y Môr Coch, a braf oedd cael ymdrochi a nofio ar ôl gwres mawr y dydd. Cawsom ar ddeall wedyn fod pysgodyn gwenwynig yn y Môr Coch, a'i fod yn berygl bywyd petai yn ein brathu. Tom Smith, Cyril Lee, Len Nash a finnau fyddai fel arfer yn mynd gyda'n gilydd i lawr am ddowc yn y môr. Hwyrach fod yr hen bysgodyn yn medru synhwyro mai Cymry oeddem! Gyda llaw, o'r Trallwng oedd Len yn dod a bu'n gyfaill triw i mi gydol yr amser.

Yn y cyffiniau hyn y bu i Moses arwain yr hen Genedl o gaethiwed yr Aifft drwy'r Môr Coch a thrwy'r anialwch mawr ac ofnadwy i wlad yr addewid, Canaan – tua 600,000 o wŷr traed heblaw gwragedd a phlant yn cychwyn gyda'u harweinydd Moses ac yntau yn bedwar ugain mlwydd oed.

Bu cwynion di-ri' ynglŷn â'r gwersyll dros dro hwn oherwydd gwael ddifrifol oedd y cyfleusterau – dim digon o leoedd ymolchi, y tai bach yn brin, y pwcedi ddim yn cael eu gwagio'n ddigon aml gyda'r canlyniad fod y geudod yn dod dros ymyl y bwced ac yn denu'r miloedd pryfed.

Gwnaethom gŵyn swyddogol am hyn. Oherwydd y sefyllfa afiach roedd llawer o'r hogiau yn mynd i lawr hefo'r dolur rhydd, *dysentry*, a rhai ohonynt yn gorfod mynd i'r ysbyty yn Cairo neu Alexandria i wella. Cefais i yr aflwydd ond ni pharodd ond dau ddiwrnod. Diolch am hynny! Mi oedd yn hen beth cas ac yn gwanio dyn yn arw.

Symud Gwersyll

Un bore daeth y newydd ein bod yn ymadael â'r gwersyll dros dro a'n bod yn symud i fyny yn nes i Cairo. Roedd cyflwr y gwersyll hwn yn llawer gwell, ond nid y dŵr yfed. Ar adegau, doi'n goch o'r bibell. Un peth da oedd fod rhai o'r Eifftwyr yn cael dod i'r gwersyll i werthu nwyddau ac roedd modd prynu potel o gwrw Awstralia ganddynt. Doedd neb yn gallu dweud o ble yr oeddent yn cael y poteli cwrw *pilsner* ond y gred gan rai oedd mai 'llaw flewog' oedd i gyfrif gan fod gwersyll milwyr Awstralia yn y cyffiniau.

Cawsom newydd da un bore, sef bod llythyrau o gartref ar eu ffordd i ni o Cairo. Wel, dyna falch oedd yr hogiau ar ôl misoedd heb yr un gair. Tua hanner dydd, galwodd y Sarsiant ni i wisgo ein helmedau rhag haul gan fod y tymheredd ymhell dros gan gradd Fahrenheit a dod allan o'n pebyll i dderbyn ein llythyrau fel y gelwid ein henwau. Galwodd fy enw, Sapper Morris 2011947, lawer gwaith nes iddo wneud sylw, "You must have a bloody large family, Taff!" Hyfryd oedd cael darllen y llythyrau, nid unwaith ond llawer gwaith trosodd, er bod y newyddion braidd yn hen.

Y Pyramidiau

Cawsom ychydig o ddyddiau rhydd i fynd o gwmpas a chyfle i weld rhyfeddodau'r hen fyd. Dw i'n cofio mynd hefo Tom, Cyril, Maxi a Len i weld y pyramidiau a'r Sphinx. Maent yn anferthol o fawr, yr adeiladau cerrig mwyaf yn y byd. Llogi tacsi yn Cairo wnaethom, pellter o tua naw milltir i fynd â ni at y pyramid a adeiladwyd i'r Pharaoh Khufu. Yna, llogi tywysydd i'n tywys o amgylch a dweud tipyn o'r hanes am y Pharaohs.

Maent yn sefyll ar tua 13 acer o dir (neu dywod) ac fe'u hadeiladwyd 4,500 o flynyddoedd yn ôl. Cymerodd 100,000 o weithwyr 30 mlynedd i'w hadeiladu, a chymerodd ddwy filiwn a hanner o dunelli o flociau cerrig, meddai Ahmed ein tywysydd. Cynigiodd Ahmed fynd â ni i mewn am ychydig o Biasters, a dyna ni yn cytuno a'i ddilyn i fyny y brif siafft oedd yn arwain i feddrodau Brehinoedd yr Aifft. Roedd Ahmed yn gwybod eu henwau. Mi oedd rhaid bod yn gryf ac ystwyth i ddringo, a phob un gris yn ddwy droedfedd a mwy oddi wrth ei gilydd. Roedd y siambr yn gul, cyfyng a thywyll; gwae unrhyw un yn dioddef o glawstroffobia. A dweud y gwir roedd hi'n waeth dod i lawr na mynd i fyny. Clywn Tom yn bytheirio gan ddweud ei bod yn saith gwaeth na'r pwll glo roedd yn arfer gweithio ynddo cyn ei alw i'r fyddin. Roeddem yn methu chwimiad am yn hir oherwydd straen ar y coesau! Daethom allan i olau dydd yn chwys diferol a'n coesau yn brifo'n enbyd.

Cawsom olwg wedyn ar y Sphinx. Roedd fel petai'n gwarchod y pyramidiau yn dawel gan edrych dros yr anialwch, fel y mae wedi'i wneud ers miloedd o flynyddoedd. Corff llew ac wyneb dynol sydd ganddi. Cefais ffilm i'r camera bach *Kodak* yn Cairo a chawsom dynnu ychydig o luniau ger y pyramidiau i gofio.

Cairo

Y diwrnod canlynol aethom am dro o gwmpas Cairo, y ddinas fwyaf ar gyfandir Affrica – cymysgedd o wychder adeiladau a strydoedd cefn llychlyd a chul oedd hi. Tlodi dybryd a llawer yn begera ar y strydoedd, ac ar y llaw arall moethusrwydd dibendraw. Digonedd o siopau, a basârs yn gwerthu pob math o nwyddau. Dynion yn gwisgo dillad traddodiadol Arabaidd yn gymysg â phobl fusnes yn eu siwtiau crand a mulod bach dan eu pwn yn creu tagfeydd yn y strydoedd.

Penderfynasom fynd i weld ble roedd y Brenin Farouk yn byw. Chawsom ni fawr o groeso, na chael mynd ddim pellach na'r giatiau mawr oedd ynghau!

Troi i mewn i gaffi ar lan yr afon Nîl i gael coffi a thamaid o fwyd. Mae'r afon Nîl yn 750 milltir o hyd o Aswan yn y de i'r man y mae'n arllwys ei dyfroedd i fôr y Canoldir.

Ymhen rhyw dair wythnos daeth bwndel arall o lythyrau i'r gwersyll wedi'u cyfeirio M.E.F. (*Middle East Forces*). Digwyddodd peth digon ysmala wrth i Sarsiant Watkins ddosbarthu'r post i ni. Cododd y Sarsiant becyn bach, ac wrth iddo wneud sylwodd fod ei fysedd yn newid eu lliw o wyn i ddu. Gafaelais yn y pecyn reit sydyn a'r hen Sarsiant yn rhegi ac yn ceisio glanhau ei ddwylo, a'r hogiau yn gwneud pethau'n waeth drwy chwerthin yn uchel. Beth oedd wedi digwydd oedd fod Mam wedi rhoi cyfleth triog du i mewn yn y pecyn heb gysidro fod tair mil o filltiroedd rhyngom a'r hin mor boeth yn yr Aifft. Pan gyrhaeddodd ben ei siwrnai roedd y cyfleth wedi troi yn ôl yn driog ac yn llifo allan drwy'r papur! Doedd dim plastig yr amser hynny. Dylwn ddweud ei bod yn arfer gan fy rhieni, pan fyddwn mewn gwlad nes adref na'r Dwyrain Canol, anfon pecyn bach yn cynnwys tiwb o *Colgate*, brws dannedd, melysion a manion eraill, ac mor dderbyniol yr oeddynt yr amser hynny.

Dim Llythyrau Cymraeg

Wrth sôn am lythyrau, cofiaf yn dda tua'r amser yma i Sarsiant Watkins ddweud wrthyf fod Capten Thomas eisiau gair efo mi ynghylch rhyw lythyrau. O Fryn Mawr roedd Watkins yn hannu, dyn byr cydnerth, coeasu byr ac yn mesur 5' 2" o daldra. Roedd wedi bod yn y fyddin ers talm o amser, ac roedd yn llawn o ddywediadau ffraeth. Roeddwn unwaith, meddai, yn mesur chwe troedfedd dwy fodfedd ond gan fy mod wedi bod ar gymaint o orymdeithiau pell yn yr India a'r North West Frontier, dw i wedi gwisgo 12 modfedd ar fy nghoesau. Roedd Capten Thomas yn dod o Abergavenny ac fel dwedais ynghynt roedd eisiau siarad â mi. Y Sarsiant yn fy martsio i mewn i'r babell ac ar ôl saliwtio, meddai, "Sapper Morris, we are going to ask you to write your letters to your family back home in the English language." Roedd 'na Second Lifftenant bach yn eistedd wrth ei ochr. Meddyliais am eiliad ei fod am fy hel allan, pan atebais fel ergyd o wn: "No, no, no, I can't." Roeddwn wedi fy mrifo a'r gwrychyn wedi codi. "Let me explain," meddai'r Capten. Roedd Capten Thomas yn ŵr bonheddig a chymerodd amser i egluro yr anhawster oeddynt yn ei gael yn Cairo i sensro llythyrau Cymraeg a thrwy hynny eu bod yn cael eu dal yn ôl am gryn amser.

Cytunais â'i gais er fy mod yn teimlo'n wrthun iawn yn ysgrifennu at Mam a Dad yn Saesneg. Parheais i ysgrifennu ambell un yn Gymraeg. Mae ambell un yn fy meddiant o hyd ac aml i frawddeg wedi'i dileu yn llwyr gan y sensors.

Digwyddiad Rhyfeddol

Cofiaf un digwyddiad rhyfeddol arall ddaeth i'm rhan tra yn yr Aifft. Rhoes ein swyddog orchymyn i ni hel ein pac a bod yn barod i symud ar fyr rybudd. Cawsom orwedd ar y tywod ond heb ddiosg ein hesgidiau oddi am ein traed. Ymhen hir a hwyr cawsom ein llwytho i wageni trên agored gyda phlanciau coed yn seddau. Ymhen tua dwy awr arhosodd y trên mewn gorsaf. Roedd cannoedd o filwyr yn dod i lawr yn yr orsaf honno, lle prysur drybeilig. Yna clywais lais o'r rhengoedd milwyr yn gweiddi, "Ifan, Ifan Drogan." Adnabûm y llais ar fy union. Anhygoel! Ifan Tŷ'n Brwyn. Y fo welodd fi gyntaf y tro hwn, yn wahanol i'r cyfarfyddiad yn Cape Town. Cawsom gwta ddau funud i gyfarch ein gilydd a chofleidio. Rhaid oedd symud ymlaen, y fo i'r chwith a minnau i'r dde, a chofiaf ei weld yn mynd a'i bac ar ei gefn. Fe ddigwyddodd (*Full Battle Order*) fel seren wib, a chyn nemor ddyddiau, roedd wedi'i ddal a'i gymryd yn garcharor rhyfel rhywle yng nghyffiniau Mersa Matruh lle y bu brwydro ffyrnig a cholledion trwm. Dioddefodd yn arw am bedair blynedd cyn cael ei ryddhau ar ôl diwedd y Rhyfel ym 1945.

Fy mam a'm tad.

Mam a dad ar y Beic Modur EY 3571.

Henry fy mrawd
pan yn y Llu Awyr.

Fy nhair chwaer gyda mam. O'r chwith: Megan, Mam, Jeni ac Alice.

Fy nhad hefo'r teulu yn dadlwytho llwyth mawr o wellt oedd wedi dod o
swydd Lincoln i Lain Drogan.

Fy rhieni yng nghyfraith.

Bob Graig Llan a minnau
ychydig cyn cael galwad
i'r Fyddin.

Fy nghyfaill Ifan
Tŷ'n Brwyn.

Blodau oedd yn y paced
sigarèts a gefais gan y
ferch yn Capetown.
Y fath groeso!

Tom Smith o Abercynon a minnau yn anialwch yr Aifft, 1941.

Yn Nhraws Iorddonen.

Ar y periant mawr agor ffosydd.

Ysbyty Nasareth lle bûm ddwywaith yn gwella.

Rhwyfo tua'r lan ar Fôr Galilea, ond heb ddal yr un pysgodyn.

Ar y ffin rhwng Twrci a Syria gyda milwyr o wlad Lesotho.

Dyma ein gwersyll yng nghoedwig Kappier.

Yng ngoedwig Kappier yn dymchwel coed gyda'r Tarw Dur.

Wythnos o lîf yn Nhel Aviv.

Maxi a minnau yn rhodianna ar hyd heolydd rhamantus Rhufain.

Yn dal pen rheswm. Cefn, o'r chwith: John, fy nhad ac William.
Rhes flaen: Ifan Tŷ'n Brwyn ac Ifan Drogan.

Winifred a minnau ar ddiwrnod ein priodas yn St. Bridget, Sefton Park

O'r chwith: Ifan, May, y pâr priod a Doreen.

Y teulu, gyda'n gilydd.

Ar Sul y Cofio.

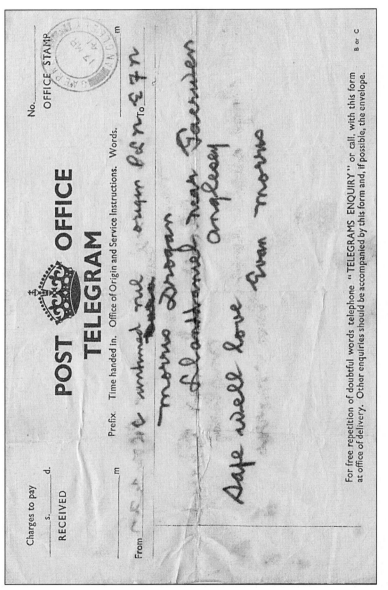

Telegram a anfonais adref o Affrica.

Salwch

Ffarwelio â gwlad y rhyfeddodau a'i phalasau, ei phyramidiau a'i phryfed. Roeddem yn awr yn anialwch Seinai yn symud mewn confoi bach tua'r gogledd. Cofiaf yn dda stopio ym Merseba am noson. Gorwedd ar y tywod (dim arall ond tywod) a syrthio i gysgu yn syllu ar y sêr disglair dirifedi.

Cael Haint

Cafodd rhai ohonom 'Haint pryf y tywod' a minnau yn eu mysg. Hen aflwydd digon annifyr tra pery ac yn achosi cur pen, chwysu a gwres uchel, ond mi aeth hwnnw heibio ond doeddwn i a dau arall sef Dick Harker a Jock Mackie ddim hanner da – dim awydd bwyd, a dweud y gwir roedd gweld y tuniau *Bully Beef* a'r *Mackonochie* yn cael eu hagor yn codi cyfog arnom. Cynghorodd ein Capten ni i fynd i orwedd i'r tryc, a buasai ef yn ceisio dod i gyswllt â meddyg o'r R.A.M.C.

Teithio i gyfeiriad Gwlad Canaan yr oeddem ac yn torri ein ffordd trwy anialwch Seinai ar hyd ffordd wael a thyllog a'r sgytio yn peri ein bod yn gwaethygu. Ar ôl dau ddiwrnod o deithio cyrhaeddasom dref fach ble roedd uned o'r R.A.M.C. Aeth y Sarsiant â ni i weld y Meddyg, ac meddai hwnnw, heb din-droi, "Hospital cases. Infective hepatitis. You look like three bloody canaries! Have you been drinking the delicious waters of the Nile?"

I'r Ysbyty

Cawsom ambiwlans i fynd â ni ac roedd llawer esmwythach i

deithio ynddi na'r tryc. Cyrhaeddasom Nasareth. Yno roedd yr ysbyty, adeilad mawr hardd wedi'i addasu i'r pwrpas ac yn cael ei redeg gan Awstraliaid. Yn hwyr y pnawn hwnnw, y 24ain o Ragfyr, noswyl Nadolig, 1941 roeddwn mewn ward bach ar y llawr uchaf, yn teimlo'n ddigon llegach, heb fwyta ers dyddiau ond yn cael gofal ardderchog gan staff yr ysbyty, Awstraliaid fel y dywedais.

Bara wedi'i grasu heb fenyn arno ac ychydig farmalêd a diod sudd grawnffrwyth oedd y fwydlen i ni am ychydig ddyddiau. Mae'n rhaid fy mod wedi syrthio i drwmgwsg achos mi oedd yn tynnu at hanner nos cyn i mi ddeffro. Tybiais glywed sŵn canu yn dod o rhywle yn y pellter. Meddyliais am funud fy mod gartref yn yr hen wlad, ac fy mod yn clywed y canu yn dod oddi allan achos byddai yn arferiad, pan oeddwn yn hogyn, i bartïon fynd o amgylch i ganu carolau i hel pres at achosion da. Cof da gennyf am fy Nhad yn codi a'u gwahodd i'r tŷ am baned o de a mins peis. Wel, roedd y canu yn dod yn nes ac yn nes o hyd at ddrws y ward.

Staff yr ysbyty, chwarae teg iddynt, oedd wedi ffurfio côr bach i ganu carolau i ni'r cleifion ar noswyl Nadolig. Ond och, daeth ton o hiraeth – hiraeth llethol nad oeddwn wedi'i deimlo ers y bore Sul cyntaf hwnnw i mi fod yn y fyddin yn Aldershot. Ia, o ba beth y gwnaethpwyd hiraeth?, medd yr hen gân. Ni wn, ond dw i'n gwybod mai atgofion bore oes oedd yn byrlymu i'r cof y noson honno wrth glywed y canu carolau yn yr ysbyty yn Nasareth.

Roedd staff yr ysbyty wedi arlwyo gwledd i'r cleifion – cinio Nadolig ardderchog ond dim tamaid i'r tri chaneri fel y galwodd y meddyg ni y noson cynt.

Crwydro Nasareth
Wedi i ni wella'n ddigon da i fynd o gwmpas, braf oedd cael mynd o gwmpas tref fach Nasareth; gweld yr eglwysi hardd, Eglwys Joseph Sant a adeiladwyd yn ôl yr hanes ar safle gweithdy'r saer. Cofiaf hefyd weld Ffynnon Mair. Fe arweiniodd rhyw ddyn ni i lawr rhyw risiau tywyll, mae'n debyg mai eglwys oedd hon hefyd.

Tref wedi ei hadeiladu ar fryn yw Nasareth, dros fil o droedfeddi uwchlaw'r môr gyda strydoedd troellog, cul a serth. Cofiais mai yma yn yr union fan y treuliodd Iesu ei blentyndod yn chwarae gyda phlant eraill ar yr heolydd culion hyn.

Tref Arabaidd oedd Nasareth bryd hynny a phobl yn gwisgo gwisg Arabaidd oedd yn byw yno. Byddem yn synnu gweld y dynion yn eistedd wrth fyrddau crwn yn yfed coffi ac yn ysmygu gyda phibelli coes hir, a hynny yn y bore! Gwahanol iawn i ddynion Môn.

Roedd crefftwyr yn gwerthu *souvenirs* ar stondinau bach ar ochr y ffordd, celfi cain o bob math. Prynais gamelod a mulod bach pren a llwyddais i'w hanfon gartref. Maent i'w gweld o hyd yn arddurno seld y dresal yng nghartref fy chwiorydd, os cofiaf yn iawn.

Gadael yr Ysbyty

Ymhen tua deg diwrnod roeddem wedi gwella'n ddigon da i adael yr ysbyty. Diolch i'r meddygon, y nyrsus clên a'r staff i gyd am ein gwella. Cawsom wybod ein bod ill tri yn cael mynd am bythefnos i wersyll arbennig i gryfhau ar ôl yr afiechyd. Nid wyf yn cofio ei enw, ond cofiaf ei fod ar lan Môr y Canoldir nid nepell o Garmel, achos byddai fy nau gyfaill Dick a Jock a minnau gyda hwy yn mynd am dro a cherdded i fyny Mynydd Carmel i fwynhau golygfeydd ysblennydd o Fôr y Canoldir.

Daeth hogyn o'r R.A.M.C. i fynd â ni mewn tryc bach agored i'r Gwersyll Gwella. "Cewch weld llawer o'r wlad," meddai, "wrth deithio fel hyn." Ac yn wir roedd yn llygad ei le.

Gwelsom y wlad oedd yn llifeirio o laeth a mêl, fel mae'r hanes yn y Beibl yn ei adrodd: perllannau o goed ffrwythau, gwinllanoedd o goed grawnwin.

Cofiaf olygfa arall wnaeth adael argraff arnaf, sef asynnod yn drwm lwythog o gynnyrch y meysydd yn gwneud eu ffordd i'r farchnad, basgedi ar bob ochr i'r asyn.

Lle da oedd y Gwersyll i gryfhau a gwella. Roedd yno ddigon o fwyd da a digon o awyr iach. Roedd Môr y Canoldir i nofio ynddo, a llefydd i ymarfer corff. Beth well allwn i ei ddymuno?

PENNOD 17

Ail-ymuno â'r Uned

Erbyn hyn roedd *138 Mech. Equip.* wedi symud i fyny i gyffiniau Acre a Tyrus ac yn brysur iawn yn adeiladau maes glanio awyrennau. Buan iawn wedi ymuno â hwy cefais fy hun ar dyllwr crafu, sef peiriant mawr i wastatáu tir anwastad. Cefais wybod gan y Capten fy mod wedi llwyddo yn yr arholiadau a sefais pan oeddwn yn Hatfield a Newark. Roedd hynny yn newydd da, achos golygai hynny y cawn godiad yn fy mhres bob wythnos, bron i ddwbl yr hyn a gawn gynt, a chystal â dwy streipen corporal. Stampiwyd hynny a'i arwyddo'n swyddogol gan y Major yn fy llyfr tâl A.B.64. Medrwn felly gelcio tipyn i brynu ambell i anrheg ac i wario os cawn *leave*.

Cefais groeso da yn ôl gan fy uned a meddai un hogyn ffraeth o'r enw Shaun Shanahan, "I thought you were pushing daisies up somewhere!" Daeth Shaun a minnau yn gyfeillion da. Y Wyddeleg oedd ei iaith gyntaf ac yn hanu o Connemara. Roedd yn benbleth i lawer un tra yn y fyddin Brydeinig.

Cofiaf ofyn iddo fo unwaith wrth gael pryd o fwyd pam yr oedd yn bwyta ei bwdin, y peth gorau, yn gyntaf. "See, Taff," meddai, "I might die before I finish the first helpings!" Y pwdin oedd ei fferfryn.

Wel nid oedd sôn am ychydig *leave* gan fod y sefyllfa mor ddyrys. Roedd lluoedd yr Almaen wedi erlyn lluoedd y Cynghreiriaid o Libya ac wedi treiddio'n drwm i'r Aifft. Roedd y Cadfridog Rommel yn darogan y byddai yn Cairo cyn Nadolig 1942.

Hefyd roedd Hitler â'i olwg ar ffynhonau olew y Caucasus, Irac a gwledydd y Gwlff a'r ofn oedd y buasai'n ymosod o'r gogledd a dod i lawr trwy'r Caucasus a goresgyn Syria, Palesteina a Gwlad Iorddonen a cheisio cymryd camlas Suez. Pe bai hynny yn digwydd buasai yn ddrwg drybeilig ar y Cynghreiriaid.

Cymerodd y Swyddfa Ryfel gamau buan i baratoi ac adeiladu amddiffynfeydd yn y gwledydd hyn. Rhannwyd y cwmni *138 Mech. Equip.* yn unedau bychain i ddechrau ar y gwaith rhag blaen.

Anfonwyd Dick Harker a minnau i Draws-Iorddonen. Ein gwaith oedd cloddio ffosydd dyfnion gydag un o'r peiriannau mawr *Ransom Rapier*. Rhaid oedd i'r ffosydd fod tua 6-8 troedfedd o ddyfnder. Gelwir hwy yn faglau tanciau. Pe bai tanc yn ceisio croesi dros un ohonynt byddai y pen blaen yn suddo i mewn, a'i gwneud yn amhosibl i symud yn ôl nac ymlaen ac felly eu dal ynddo. Gweithio sifft o bedair awr. Dick yn gwneud pedair a minnau bedair. Nid oedd modd gweithio mwy na hynny gan ei bod mor ofnadwy o boeth, 110-120 gradd bob dydd.

Profiad bythgofiadwy

Sylwodd Dick fod Bedouins wedi dod i wersylla yn agos i'n pabell ni, ac wedi gorffen ein sifft, mynnai Dick fynd draw atynt, "Come on, Ianto, for curiosity!" a felly bu. Cyn i ni gyrraedd eu pabell o grwyn camel a geifr daeth gŵr allan i'n cyfarfod. Am ychydig buom yn dyfalu p'un ai ein gyrru ymaith ai estyn croeso oedd ei fwriad.

Amneidiodd arnom i'w ddilyn i mewn i'r babell lle roedd ei deulu mawr yn eistedd ar lawr. Mae'n amlwg eu bod yn mynd i gael pryd o fwyd a gwahoddwyd ni i fwyta gyda hwy. Doedd wiw gwrthod medd Dick neu buasem yn pechu yn anfaddeuol. Roedd fy mêt yn gwybod llawer mwy amdanynt nag a feddyliais.

Yn ôl traddodiad yr anialwch mae'n ofynnol iddynt rannu beth bynnag sydd ganddynt oherwydd byddai gwrthod lletygarwch i ddieithryn mewn anialwch garw cras yn drosedd yn erbyn eu Duw, Allah.

Cawsom groeso tywysogaidd, er nad oeddem yn deall ein gilydd ond trwy amneidio. Pa eiddo bynnag sydd gan y Bedouins, maent yn ei gario gyda hwy. Gwelir aur wedi'i amwnïo i mewn i'r fêl maent yn ei gwisgo. Mae eu gwisg yn gorchuddio'r corff i gyd at eu fferau i arbed tanbeidrwydd yr haul ac i amsugno chwys. "I hope we will be OK after the pancakes," meddai fy mêt.

Roedd 'na wersyll Indiaid heb fod ymhell ac hefo hwy roedd fy mêt a finnau yn bwyta fel arfer. Hen hogiau iawn, ond doedd y bwyd ddim yn dygymod â fi.

Da oedd gorffen y gwaith o agor y maglau tanciau yn y fan honno beth bynnag. Roedd pencadlys y 138 wedi symud i gyffiniau Tiberiws erbyn hyn (wedi'i henwi ar ôl yr ymerawdwr Rhufeinig). Ardal ddiddorol dros ben, a llawer o hanes a phwysigrwydd i'r lle.

Galilea oedd man cychwyn gweinidogaeth yr Iesu. Yma y gwnaeth alw ei ddisgyblion, cyflawni gwyrthiau ac iachau'r cleifion. Mae Môr Galilea yn 13 milltir o hyd a 8 milltir o led. Mae'n fan dymunol iawn i dreulio ychydig ddyddiau o seibiant. Mae bryniau i'r gogledd o Galilea yn codi i 1,300 troedfedd uwchlaw Môr Galilea a mynydd Hebron â'i gopa yn wyn i'w weled yn y pellter.

Gwelsom y pysgotwyr yn troi allan yn eu cychod a'u rhwydi ac yn dychwelyd wedi oriau maith, wedi cael dalfa fawr o bysgod. Mae yn le da am bysgod ac mae yno hefyd farchnad bysgod fawr.

Fe gafodd yr hogia a minnau lawer o hwyl ar Fôr Galilea. Byddem yn llogi cwch rhwyfo a phob un ohonom yn cymryd ein tro i rwyfo. Wedi mynd allan tipyn o'r tir, y peth nesaf oedd diosg ein dillad a phlymio dros ochr y cwch i'r dŵr. Mae llun ohonof yn rhwyfo, a'r tu ôl i mi mae un o'm mêts, Austin Jennings, ac wrth ei ochr mae perchen y cwch. Nid oedd Môr Galilea yn fôr hawdd i nofio ynddo, oherwydd ei ddŵr croyw mae'n debyg, a'r tarddle wrth droed Mynydd Hermon.

Digwyddodd unwaith, a minnau wedi mynd gryn bellter o'r lan, i wynt cryf ddod o'r mynydd a chynhyrfu'r dyfroedd yn arw – tonnau mân. Bu'n hwyr glas i ni ei heglu hi am y lan.

Gweld Jerwsalem

Un diwrnod daeth swyddog o'r 138 i'n gweld. Dywedodd ei fod yn mynd i Jerwsalem y diwrnod wedyn a bod croeso i ni fynd gydag o i weld y Ddinas Sanctaidd. Wel, gan fod gennym ychydig ddyddiau o seibiant yn weddill, neidiasom at y cynnig. Eglurodd y swyddog nad oedd ganddo lawer o amser ar ôl bod yn y cyfarfod, ond buasai yn ceisio ei orau i fynd â ni i weld y mannau pwysig. Ac felly y bu. Nid wyf yn cofio'r ffordd a gymerodd i fynd o amgylch y ddinas, ond cofiaf yn bur dda esgyn i ben mynydd yr olewydd, edrych ar y ddinas oddi tanom a'r panorama ysblennydd oedd i'w gweld.

Cofiaf fynd i ardd Gethsemane ac emyn William Lewis yn dod i'm cof, ac fel y byddai canu arni mewn gwasanaeth Cymundeb Swper yr Arglwydd.

Cof am y Cyfiawn Iesu,
Y person mwyaf hardd,
A'r noswaith drom anesmwyth
Bu'n chwysu yn yr ardd.

Gweld wedyn y Via Dolorosa, y ffordd i Galfaria, a gweld yr Iddewon yn gweddio wrth y 'Mur Wylofain.'

Yna ffarwelio â Dinas Dafydd a theithio ar hyd ffordd arall yn ôl. Cofiaf yn dda ein bod yn croesi Afon Iorddonen, a chael oedi ar y lan am ychydig funudau, cyn ail-gychwyn ar y daith i Galilea.

Cwrdd â Ffrindiau yn Haiffa

Cyn ail-ddechrau ar yr amddiffynfeydd, cawsom ymweld â Haiffa, porthladd mawr ar lan Môr y Canoldir, nid nepell o Jopa. Roedd yn le hynafol iawn gyda hen borthladd o'r hwn y ceisiodd Jona ffoi i Tarsis 'oddiger bron yr Arglwydd,' rhag mynd i Ninefe. Yma cafodd long yn mynd i Tarsis, ac a dalodd ei llong lôg hi. Rhyfedd ddigwyddiad, tra'n cerdded ac edrych ar y siopau, pwy welwn yn dod i'm cyfarfod ond Robert Owen, Bob Graig Terrace, a Wil Pen Bonc, dau hogyn o Landdaniel. Roedd Bob yn yr un dosbarth â mi yn yr ysgol ac yn un o'm ffrindiau pennaf. Roedd yntau yn cael seibiant ar ôl bod yn ymladd yn Libanus a Syria yn erbyn milwyr y Vichy a'u gyrru allan o'r gwledydd hynny. Doedd Bob ddim wedi bod yn dda ei iechyd ac wedi bod am gyfnod yn yr ysbyty ar ôl i'r ymlad ddod i ben. Cawsom awr ddifyr gyda'n gilydd a photel o win coch i ddathlu'r cyfarfyddiad a dwyn atgofion di-ri' am ein cyfeillgarwch gynt.

Yr Ysbyty Eto

Yn ystod haf 1942 tra'n gweithio ar y maglau tanciau a gosod tunelli o weiren bigog i geisio stopio'r gelyn, cefais anaf ciaidd i'm coes. Oherwydd methu cael gafael ar ddoctor yn ddigon buan i'w bwytho a'r miloedd o bryfed a oedd yn bendefynol o fynd arno, roedd wedi mynd yn ddrwg a'r croen yn dechrau madru. Erbyn i mi gael fy ngweld gan yr M.O. roedd wedi mynd yn rhy ddrwg i'w bwytho. Cefais lythyr ganddo i fynd i'r ysbyty yn Nasareth. Cefais groeso cynnes am yr ail dro gan holl staff yr ysbyty.

Y dull gymerodd y meddyg oedd rhoi padiau antiseptig naill ochr i'r briw, yna gosod clampiau i dynnu'r croen at ei gilydd a'i adael felly am rai dyddiau. Roedd yn brifo dipyn ar y dechrau, ond bobl bach, doedd hynny'n ddim byd i'r hyn a ddioddefai rhai o'r hogiau oedd wedi'u clwyfo – fel yr hogyn yn y gwely agosaf i mi oedd wedi gorfod cael torri ei fraich i ffwrdd. Nid anghofiaf fyth ei ryddfan y noson honno.

Ymhen yr wythnos, daeth y meddyg a chefais dynnu'r clampiau. Roedd y briw wedi cau yn weddol gan adael craith chwe modfedd o hyd a ½ modfedd o led. Byddaf yn sôn am ddigwyddiad ynglŷn â'm coes cyn diwedd fy llith – adran Pensiwn y Fyddin.

Cefais fynd i ymuno â'r Platŵn *8 Mech Equip* oedd wedi gwersylla yn Ramat David, Kibbutz oedd wedi'i enwi ar ôl y gwron mawr hwnnw, Prif Weinidog Prydain Fawr, David Lloyd George.

Roedd rota yn bodoli gan yr *8 Mech. Equip.* a oedd yn gadael i ychydig ohonom fynd am 7 diwrnod o *leave*. Daeth fy nhro innau i fynd hefo dau neu dri o fy mêts, Cyril, Maxi a Jock.

Tel-Aviv

Dyma fangre! Mae'n rhaid dweud gair am y ddinas ryfeddol hon, sef Tel-Aviv. Ar ddechrau'r ugeinfed ganrif doedd 'na ddim byd ond twyni tywod lle saif Tel-Aviv heddiw. Mae'n hanes diddorol iawn. Yn y flwyddyn 1909 daeth dynion o Jaffa gyda'u hoffer cloddio, berfa, caib a rhaw, a dechrau cloddio a gosod sylfeini ac adeiladu tŷ. Yna daeth mwy o Iddewon a gwnaed yr un peth, gan adeiladu ger traethau euraid ac agor strydoedd llydan nes tyfodd yn ddinas fawr fodern ac yn gyfangwbl Iddewig gyda phoblogaeth o 353,800.

Roedd yn lle ardderchog i filwyr gael seibiant ac ymlacio. Byddai cyfle i nofio ym Môr y Canoldir. Roedd yno siopau mawr, caffis gyda rhai yn gosod cadeiriau ar y palmant i eistedd a mwynhau diod oer yn yr haul a gwrando ar fiwsig yr offerynnau cerdd drwy'r dydd os mynnech. Pres oedd y peth mwyaf prin yno.

Roedd llawer o luoedd Awstralia, Seland Newydd, Canada, De Affrica ac eraill yn dod i Tel-Aviv ar *leave*. Yn Toc-H yr oeddwn i'n aros. Roedd yn cael ei redeg gan wirfoddolwyr, a dim ond ychydig funudau o'r traeth. Cawsom groeso mawr yno, bwyd da a gwely glân. Daeth y saith diwrnod i ben yn rhy fuan o lawer a rhaid oedd ffarwelio â Tel-Aviv ac ymuno â'r uned unwaith eto.

Y Rhyfel yng Ngogledd Affrica

Yn haf 1942 roedd lluoedd y Cynghreiriaid yn gorfod syrthio'n ôl yn anialdir Libya. Roedd Tobruk wedi syrthio ar ôl bod dan warchae a 30,000 o filwyr y wlad hon a'r Gymanwlad wedi eu cymryd yn garcharorion gan luoedd yr Echel.

Medrodd y Cadfridog Auchinleck, gyda'r wythfed fyddin, eu hatal yn El Alamein, dim ond 60 milltir o Alexandria. Erwin Rommel oedd Cadfridog lluoedd yr Echel. Y fo oedd y Cadfridog gorau oedd gan Hitler, yn ŵr galluog a chyfrwys, a chafodd y llysenw y *Desert Fox*.

Ym mis Awst 1942 daeth y Cadfridog Bernard Montgomery yn bennaeth ar yr wythfed fyddin yn lle Auchinleck. Ceisiodd y llwynog Rommel dorri bwlch yn llinell amddiffyn yr 8fed fyddin, y *Dersert Rats*, ond methiant fu ei ymgais er i orchymun ddod gan Hitler ei hun i dorri trwodd a meddiannu Alexandria a Chairo.

Ar y llaw arall roedd y Prif Weinidog, Winston Churchill, yn pwyso'n drwm ar Montgomery i dorri trwodd a gyrru'r *Afrika Corps* ar ffo o'r Aifft. Ond ei ateb o oedd, dim ond pan fydda i yn rhoi y gorchymyn. Doedd o ddim am ymosod hyd nes y byddai ganddo ddigon o danciau, awyrennau a gynnau, ac o'u cael, gallai arbed bywydau a cholledion. A dyma ei hoff ddywediad, "and then we will hit them for six."

Ar 23 Hydref 1942 rhoddodd Montgomery y gorchymyn i'r wythfed fyddin ymosod ar yr *Afrika Corps* gyda 220,000 o filwyr y Cynghreiriaid, yn Awstraliaid, gwŷr De Affrica, Seland Newydd, Indiaid, Groegiaid, Ffrancwyr Rhydd ac eraill. Bu brwydro ffyrnig am ddyddiau hyd at 4 Tachwedd. Cafodd Rommel orchymyn gan Hitler i sefyll a marw a pheidio ag ildio yr un modfedd. Ond ar ôl deuddeg diwrnod rhoddodd Rommel y gorchymyn i ildio'n ôl gan adael 25,000 yn farw a chlwyfedig a 30,000 o garcharorion yr Echel yn El Alemein, 60 milltir o Alexandria.

Dyma'r trobwynt a newidiodd gwrs hanes. "The end of the beginning," meddai Churchill. Cyn Alamein, colli pob brwydr, ar ôl Alamein, ennill pob brwydr. Bu colledion yr 8fed Fyddin yn drwm hefyd – 8,000 o filwyr. Erchyll, erchyll, erchyll yw pob rhyfel.

Erbyn hyn roedd yn tynnu at ddiwedd 1942, y Nadolig yn agosáu, gyda atgofion lu am amser difyr fy mhlentyndod. Hwn oedd y trydydd Nadolig i mi fod yn y lluoedd arfog. Doedd fawr o wahaniaeth rhyngddo ag unrhyw ddiwrnod arall. Rhaid oedd gwneud y gorau o'r corn-biff, y cawl *Mackonochie*, y caws a'r bisgedi caled. Byddem ni'r hogiau yn cwyno ac yn ochain yn fwy na'r cyffredin wrth gofio mai diwrnod Gŵyl oedd hi i fod!

PENNOD 18

Teithio i'r Gogledd

Rhoddwyd ar ddeall i ni ar ddechrau 1943 fod rhai ohonom o'r 8fed platŵn yn mynd yn fuan ar daith go bell gyda phump o'r teirw dur D8 (*bulldozers*). Câi'r rheini eu cludo ar lorïau mawrion a elwid yn *low loaders*. Wedi rhai dyddiau o lanhau a thrwsio peiriannau dyma gychwyn ar ein taith, taith go bell yn ôl yr hanes ac i gyfeiriad y gogledd. Y noson gyntaf roeddem yn aros wrth droed Mynydd Hermon i wersylla.

Deffro ben bore'r ail ddydd a chanfod ei bod yn wyn ein byd arnom. Golygfa hardd gyda mantell o eira ar fynydd Hermon, ac yn oer drybeilig cyn i'r haul godi.

Ymlaen â ni ar hyd y ffordd am Ddamascus. Wrth i ni agosáu at y ddinas meddyliais am Paul yn mynd i Ddamascus gyda llythyrau yn ei feddiant oddi wrth y Sanhedrin yn Jerwsalem i ddal a rhwymo Credinwyr Damascus. Ond cafodd ei daflu i'r llawr gan oleuni mawr llachar nes peri iddo fynd yn ddall. Cafodd droedigaeth yn y fan a'r lle. "About turn," fuasem yn ei ddweud yn y fyddin. Duw wedi ei ddewis yn llestr etholedig i ddwyn ei enw ger bron y cenhedloedd. Cawsom rhyw ddwy awr o seibiant a chyfle i fynd y tu mewn i furiau'r ddinas; roedd rhan ohoni'n hynafol iawn.

Yna ail-gychwyn ar y daith i'r gogledd. Cofio stopio am baned o de ger pentref bach ar lan yr Afon Ewffrates, a'i ffrydiau yn ffrwythloni'r tir o'i hamgylch gan greu coed a llwyni amryliw. Ar ôl teithio oddeutu dau can milltir o Ddamascus, cawsom ar ddeall ein bod yn dynesu at ddinas Antioch. Ymhen ychydig amser roeddem yn gallu gweld o bell dyrau a minarets gwych y ddinas.

Saib i fwyta peth o'r bwyd bondigrybwyll, ac yna cyfle i roi tro sydyn o amgylch Antioch. Yma yn y ddinas hon galwyd dilynwyr Crist am y tro cyntaf yn Gristnogion. Pan ddaeth Paul i Antioch, hi oedd y drydedd ddinas fwyaf yn y byd. Fe'i gelwid yn Ddinas Brydferth o Aur. Bu yn brifddinas Syria am gyfnod, gyda'i strydoedd marmor, gwres canolog a phyllau nofio. Sôn am foethusrwydd!

Noson arall o dan ganfas, yna codi pac ac ymlaen â ni i gyfeiriad y gogledd ac agosáu at Aleppo, dinas ogleddol Syria nid nepell o gyffindir Twrci. Aeth si ar led mai diwedd y daith fyddai Twrci. Ond ni allai hynny fod yn wir oherwydd roedd Twrci yn wlad niwtral. Pe bai unrhyw un yn croesi'r ffin buasai yn y ddalfa tan ddiwedd y rhyfel.

Roeddem yn teithio ar hyd lôn gul, droelliog, garegog a pheryglus iawn ar adegau. Ond ymlaen â ni yn ddiogel. Cawsom wybod mai i Goedwig Kappier yr oeddem yn mynd. Ymhen tua dwy awr o deithio dyma gyrraedd y Goedwig a phawb yn flinedig gan y daith. Dotio at y coed tal, cryf Pinwydd Twrci a Derw Twrci, 25-35 troedfedd o uchder, a'r Frenhines ohonynt i gyd, cedrwydden Libanus, 40 troedfedd a mwy. Adeiladwyd y deml yn Jerwsalem a phalas y Brenin Solomon â'r coed hyn am eu bod yn parhau am amser hir. Maent yn agos i fod yn amhydradwy ac oherwydd eu chwerwder ni fwyty'r pryfed hwynt 'chwaith. Roedd rhai o'r coed wedi'u torri i lawr a llecyn wedi'i glirio a chabanau coed wedi'u gosod i ni wersylla ynddynt.

Uned fechan o Dde Affrica oedd yn gweithio gyda ni. Dynion mawr cryf, fel mae'r llun yn dangos, a dynion clên rhadlon. Gwnaethom ffrindiau gyda'n gilydd mewn dim o amser.

Lle anghysbell ac unig oedd Coedwig Kappier, heb affliw o ddim ond coed. Roedd trefniant i lorri fynd i gyrchu bwyd a diod ddwy waith yr wythnos o Alexandreta neu Aleppo – siwrnai faith; cefais fynd efo'r gyrrwr unwaith.

Yna gwneud ffordd drwy'r goedwig fel y gallai tanciau a gynnau'r fyddin symud heb fawr o rybudd i amddiffyn. Ar ôl torri'r coed i lawr, roedd y Basutos yn gallu rhoi cadwyn am un pen, ac yna eu bachu i'r tarw dur a ninnau wedyn yn eu llusgo i lawr i le clir. Defnyddid rhai o'r coed i wneud baricêd. Rhai da oedd y

Basutos am gynnau tân. Amser bwyd byddem yn ymgynnull o amgylch y tân, yn ddu ac yn wyn i fwyta ac ymgomio. Byddem yn agor tuniau *Bully Beef*, eu rhoi ar badell haearn fawr i'w rhostio yn boeth, neu dro arall caws ar fara rhost fyddai'r fwydlen.

Cawsom gan y Basutos fwyd wedi'i wneud hefo *Indian Corn*, bwyd maethlon iawn. Dyma oedd eu prif fwyd yn ôl yr hyn a ddeallwn. Cafodd Basutoland ei hail-enwi'n Frenhiniaeth Lesotho ar ôl ennill annibynniaeth oddi wrth Brydain ym 1966.

Y dillad a wisgwyd gennym fel y gwelir yn y llun oedd clôs penglin, esgidiau mawr lledr yn cyrraedd bron at ein penglin, côt fawr bwrpasol rhag tywydd gerwin heb ddiferyn o ddŵr yn mynd trwyddi a chap coedwigwr.

Islaw'r gwersyll roedd peth tir corsiog a'r moscitos yn bla yno, a rhaid oedd i ni lyncu cannoedd o dabledi *mepachrine* i wrthweithio twymyn y malaria. Dim ond ychydig bellter oddi wrthym roedd cyffindir Syria a Thwrci, ac o ran cywreinrwydd aeth chwech ohonom, Harker, Talbot, Jennings, Maxi, Jock a minnau i archwilio'r tir. I mewn â ni i'r tryc pen agored. Ar ôl teithio am oddeutu hanner awr galwodd Harker arnom i aros. Roedd wedi gweld trwy ei ysbienddrych filwyr yn sefyll ger adeilad. Mae'n amlwg mai'r cyffindir rhwng Syria a Thwrci oedd hwn. Doedd wiw mynd ymhellach rhag ofn iddynt ein gweld.

Ar ôl cael ymgom fach dyma benderfynu mynd yn gyfochrog â'r ffin ond cadw o'r golwg. Roedd yn ardal wyllt iawn a doedd yr un copa walltog i'w weld yn unman. Gwelsom lôn bach gul ac aethom ar ei hyd. Roedd yn arwain i bentref bach gydag ychydig o dai.

Gwelsom adeilad ac arwydd Bar Coffi ar y drws. Arhosodd Harker gan ddweud, "We'll try here for some grub," ac i mewn â ni. Daeth gwraig ganol oed atom i'n cyfarch, ac er mawr syndod, mi roedd yn gallu siarad peth Saesneg. Archebwyd pryd o fwyd i bob un ohonom, ac ar ôl eistedd i lawr ar fainc fawr goed wrth fwrdd mawr coed, daeth â chasgen goed yn llawn o win coch. Ar ôl arllwys peth o'r gwin i jwg, llenwodd wydriaid i bob un ohonom. Cefais lun ohonom ar y camera bach; nid yw'n glir iawn, ond mae'r criw bach ynddo i gyd.

Wel, cawsom bryd o fwyd blasus dros ben, swper baedd gwyllt oedd o yn ôl y westywraig. Ta beth oedd yr enw, buasai'n ddigon da i'w roi gerbron Mustafa Kemel Atatürk. Cynghorodd ni i beidio aros yn hwy na 10 o'r gloch oherwydd bod y patrol yn mynd o gwmpas ac yn galw yn y caffi ambell dro. Wedi talu am ein swper mewn arian Syria a chanu'n iach i'r westywraig rhadlon, gadawsom am ein gwersyll a phob un ohonom wedi mwynhau ei hun.

Roedd yn fenter anturus a rhyfygus, ond i griw bach o filwyr oedd wedi bod dair blynedd yn y fyddin erbyn hyn ac wedi hen syrffedu ac eisiau mynd adref, tipyn o hwyl a sbri oedd y cyfan.

Yn ôl i'r Aifft

Erbyn dechrau mis Mai 1943 roedd y gwaith o godi amddiffynfeydd wedi'i gwblhau, a hefyd y bygythiad o'r gogledd gan luoedd yr Echel wedi lleihau yn arw, gan eu bod yn gorfod encilio o flaen byddin Rwsia gyda cholledion dychrynllyd i'w lluoedd arfog. Hefyd roedd lluoedd yr Echel wedi colli'r frwydr yng ngogledd yr Affrica a'u byddin, y rhan fwyaf ohoni, wedi gorfod ffoi ar draws Môr y Canoldir i'r Eidal.

Rhaid cofio bod y rhan fwyaf o wledydd Ewrop yn dal i fod o dan bawen Hitler, ac oherwydd hynny, bu cyfarfod mawr rhwng Churchill, Roosevelt a Stalin i gynllunio goresgyn rhyw ran o Ewrop. Doedd neb yn gwybod pa le na pha bryd.

Tua chanol mis Mai 1943 bu'n rhaid codi pac unwaith eto ac ymadael â choedwig Kappier, a theithio i'r de-orllewin. Y ffordd hon oedd y ffordd i gysylltu Mesopotamia a'r Aifft, ac mae'n debyg mai ar hyd y ffordd hon yr aeth Abraham a'i dylwyth i wlad Canaan wedi i Dduw ddweud wrtho am fynd o'i wlad ac oddi wrth ei genedl ac o dŷ ei dad i'r wlad a ddangosodd iddo, "Fe'th gwnaf di a'th ddisgynyddion yn genedl fawr ac a'th fendithiaf di."

Wedi dau ddiwrnod o deithio cyrhaeddom Beirut, prifddinas Libanus ond rhaid cofio hefyd ein bod wedi cael egwyl yn Tripoli ac yn Alexandret ar ein ffordd i lawr.

Mae Libanus yn wlad fach brydferth dros ben gyda'i mynyddoedd uchel tua 10,000 troedfedd a'i hafonydd, Orontes a Litani, heb anghofio ei chedrwydd symbolaidd, arwydd cenedlaethol y wlad.

Cawsom aros rai dyddiau yn Beirut. Nid wyf yn cofio faint, ac mi oedd hynny wrth ein bodd achos mi oedd 'na bwll nofio ardderchog yno ac roeddem yn cael mynd yno bob dydd i ymdrochi, peth amheuthun i'r corff ar ôl teithio ar hyd heolydd llychlyd Mesopotamia.

Byr fu ein harhosiad yn Beirut. Codi pac eto a symud ymlaen i'r de ar hyd arfordir Môr y Canoldir i gyfeiriad Tyrus a Sidon nes cyrraedd Gaza. Cysgu noson yn Gaza. Yn y fan hon roedd hanes Samson a Deleila yn cael ei chyfri yn un o'r straeon carwriaethol gorau erioed, ac mae ffilmiau ohoni yn werth eu gweld.

Erbyn hyn roedd cryn ddyfalu i ble roeddem yn mynd, ond o dipyn i beth daeth yn amlwg ein bod yn anelu am yr Aifft trwy anialwch Seinai. Cyrhaeddwyd dinas Alexandria yn yr Aifft. Alexander Fawr oedd ei sylfaenydd. Roedd yn borthladd prysur iawn a bu bron i Rommel a'i fyddin gyrraedd yno ym 1942 fel y soniais o'r blaen. Nid oedd i ni ddinas barhaus yno 'chwaith. Symud, symud oedd ein hanes o hyd, ac i wersyll y Llynges Frenhinol, H.M.S. Phoenix y symudwyd ni y tro hwn. Gwersyll mawr ydoedd, nid nepell o ddinas Alexandria.

Hawdd gweld fod rhywbeth mawr ar y gweill. Galwodd y Major ni oll yn y *138 Mech. Equip.* ar parêd i ddweud bod cwrs o ymarfer dwys i gymryd lle, a ninnau oll yn meddwl fod hynny wedi darfod â bod yn Aldershot! A dyna lle buom yn rhedeg, neidio, morio a neidio i'r dŵr hefo pwn ar ein cefnau a ras am y lan yn wlyb diferol. Ac roedd yn rhaid dysgu ymarfer hefo arfogaeth newydd.

Erbyn dechrau 1943 roedd yn amlwg fod y paratoi mawr yn golygu bod trefniadau gan y Cynghreiriaid o oresgyn rhyw le ar gyfandir Ewrop. Daeth yr ymarfer dwys i ben ac yn ôl â ni i borthladd Alexandria a llenwi'r llongau oedd yn disgwyl amdanom.

Teithio i Sicilia

Cawsom ar ddeall mai ar ynys Sicilia ym Môr y Canoldir yr oedd yr ymosodiad i ddigwydd ac mai'r goresgyniad hwn oedd y mwyaf erioed mewn hanes.

Roedd yn agos i dair mil o longau mawr a mân yn dod o borthladdoedd gogledd Affrica, yr Aifft, Suez a Syria a llawer ohonynt yn gychod glanio LCT a LST a oedd yn cludo milwyr a thanciau rhyfel, 160,000 o luoedd arfog y Cynghreiriaid, 14,000 o gerbydau, 600 o danciau a 1,800 o ynnau.

Trefnwyd a chynlluniwyd hyn oll gan Roosevelt, arlywydd America, a Churchill, Prif Weinidog Prydain mewn cynhadledd yn Casablanca yn Ionawr 1943.

Y Cadfridog B.L. Montgomery oedd yn arwain yr 8fed Fyddin yn yr ymosodiad, a'r Cadfridog George Patton yn arwain y 7fed Fyddin Americanaidd. Rhaid dweud gair bach yn y fan hyn am ein harweinydd, Bernard Montgomery, Monty i ni y *Desert Rats*, hogiau'r Wythfed Fyddin. Roedd bob amser â chonsyrn ganddo am ei filwyr. Nid oedd yn amser iawn i ymosod heb fod yr arfogaeth iawn gan y fyddin a phob peth yn ei le. Byddai yn dod yn ei *Jeep* ac yn aros i siarad efo ni a gofyn a oeddem yn smocio. Roedd yn cario llwyth o sigarennau yn y *Jeep* ac yn eu rhannu hefo ni er na fyddai yn ysmygu ei hun nac yn yfed alcohol, meddan nhw, ond ar achlysur arbennig. Ond byddai'r Beibl ar y bwrdd yn y garafán bob amser ac roedd yn hyddysg iawn yn y llyfr mawr!

Cyrraedd Sicilia

Bore'r nawfed o Orffennaf 1943, roedd y confoi yn dynesu at Ynys Sicilia, y môr yn dawel ac yn ddelfrydol i lanio, ond erbyn y prynhawn, roedd y gwynt wedi codi o'r gogledd-orllewin a thonnau mawrion, a bu bron i'r ymgyrch gael ei gohirio. Ond erbyn bore'r 10fed roedd y storm wedi gostegu eto i wneud y sefyllfa yn ddelfrydol i lanio ar draethau'r ynys. Gofid oedd clywed fod pedair llong o'r confoi wedi'u suddo gan yr *U-boats*, llongau tanfor y gelyn.

Noson fythgofiadwy oedd y 9fed o Orffennaf. Fel roedd hi'n digwydd bod roedd un o Gaplaniaid y fyddin ar y llong gyda ni a threfnodd wasanaeth bach ar y noson olaf er mwyn i ni fod gyda'n gilydd oherwydd roedd uned o'r Comandos a'r *Marines* a'r *R.A. Medical Corps* ar fwrdd y llong hefyd, ac roedd bron pawb wedi dod yn wirfoddol. Ar y diwedd cynhaliwyd Cymanfa ganu fechan i ganu emynau.

Ar y degfed o Orffennaf 1943 roedd y confoi yn dynesu at draethau Sicilia. Am 2:15 a.m. roedd y *landing craft* yn cario 60 o ddynion yr un yn glanio. Eu gorchwyl hwy oedd tewi gynnau'r gelyn a diffodd y chwilolau. Am 4:15 a.m. o'r diwedd daeth arwydd o lan y môr eu bod wedi llwyddo i gipio rhan o'r traeth ac erbyn hyn roedd gynnau'r gelyn oedd tu ôl i'r chwiloleuadau, yn bombardio'r traeth. Ond buan iawn y daeth y llongau rhyfel a'r llongau distryw i danio o'r môr a rhoi taw arnynt.

Fel roedd y llong yr oeddwn i arni yn dynesu at y lan. Cafwyd gorchymyn i wneud ein hunain yn barod i adael y llong a neidio i'r dŵr a rhedeg am y traeth. Torrodd y wawr fel bob bore arall ac roedd yn weddol dawel, a ninnau ar y dec yn mwstro ac yn paratoi ar gyfer y glanio. Roedd y Capten yn rhoi gorchmynion i godi'n gynnau uwch law ein pennau rhag i ddŵr amharu arnynt. "Muskets high, powder dry!!" gwaeddai.

Yn sydyn o'r awyr daeth un o awyrennau'r gelyn yn syth bin amdanom. Mewn eiliad, roeddem ar ein boliau ac yn llechu tu ôl i unrhyw beth oedd ar y dec. Yn ffodus nid achosodd fawr o ddifrod. Ffrwydrodd un bom ar ben blaen y llong gan falu peth offer, a dyna'r cwbl.

Wel, achosodd gryn ddychryn i ni beth bynnag, a ninnau mor agored i ymosodiad arall. Roeddwn ar bigau'r drain yn disgwyl am orchymyn i neidio i'r dŵr gan ofni i'r hen awyren gythraul ddod yn ôl. Ond y gred oedd fod ein gynnau ni wedi delio â hi. Clywsom danio byddarol wedyn.

Gadael y Llong

Daeth y gorchymyn i adael y llong, ac roeddem yn bur falch hefyd! Neidio i'r dŵr at ein canol a stryffaglo am y lan, un hanner yn sych a'r llall yn wlyb, ond buan iawn y sychodd ein dillad pan gododd yr haul tanbaid.

Tasg anodd a pheryglus iawn oedd gan uned o'n catrawd ni, sef y peirianwyr difa ffrwydron, a fyddai'n clirio'r ffordd drwy'r ffrwydron a'r wifren bigog a oedd wedi'u gosod ar y traeth. Cafodd yr uned yr oeddwn i ynddi orchymyn i guddio mewn llwyni coed ac aros hyd nes roedd y teirw dur a'r peiriannau eraill wedi'u dadlwytho o grombil yr L.S.T.s (llongau cludo tanciau).

Golygfa Erchyll

Gerllaw lle roeddem yn llechu yn y goedlan gwelsom amddiffynfeydd, sef tyrau bach concrit. Aeth Maxi fy mêt a minnau yn nes i'w hastudio a chanfod dau filwr Eidalaidd wedi'u lladd oddi mewn. Golygfa ddigon cyffredin, meddech, ar faes y gad. Wel ie, ond roedd cadach gwyn yn chwifio o law y ddau – arwydd eu bod yn ildio. Wedi ein cyffroi yn arw, aethom at ein Capten i ddweud wrtho am y peth erchyll hwn a welsom, a pham? Oherwydd y lliain gwyn yn eu dwylo.

"We don't know the circumstances," meddai, "a pheidiwch â

gadael i'r digwyddid effeithio arnoch." Fel dywed y cwpled:

Ours not to reason why,
Ours but to do or die.

Gadawodd hyn argraff annileadwy ar y ddau ohonom.

Ar 10fed Chwefror 1943 roedd byddinoedd y Cynghreiriad yn goresgyn Sicilia, gyda throedle unwaith eto yn Ewrop ar ôl dros dair blynedd ers yr ymgiliad mawr o Dunkirk, Ffrainc.

Y gwaith cyntaf a gefais i a dau arall efo'r *bulldozers* oedd llenwi tyllau mawr roedd y bomiau wedi'u gwneud ar y maes glanio yn Pachino, a hynny er mwyn i'r *spitfires* allu cael cyflenwad o danwydd. Roedd Malta braidd yn bell gan nad oedd y *spitfires* yn gallu aros yn hir yn yr awyr heb gael cyflenwad o danwydd. Cawsom ddau glydydd gynnau yn *escort* i ni. Roedd y gelyn yn dal i danio a'r ffrwydron yn disgyn yn drwm ar ein llain glanio. Roedd y gelyn yn deall yn iawn beth oedd yn mynd ymlaen ac am frwydro'n ffyrnig i geisio atal unrhyw awyren rhag glanio ar y llain. Ond o dipyn i beth cafodd yr R.A.F. feistroliaeth yn yr awyr a chawsom ninnau egwyl fach (ar wahân i ambell gawod o fwledi) i gwblhau'r gwaith. A dyna falch oeddem o weld rhai awyrennau yn dod i lawr ar y llain.

Erbyn tri o'r gloch y prynhawn roedd wyth catrawd y Cynghreiriaid wedi glaino a sefydlu eu hunain yn Sicilia – oddeutu 80,000 o filwyr, 3,000 o danciau, 900 o ynnau a 7,000 o gerbydau.

Erbyn 12fed Gorffennaf 1943 roedd maes awyr Gela wedi syrthio i'n dwylo, a hefyd porthladd Licata, Siracusa ac Augusta, ond nid heb frwydro ffyrnig. Erbyn hyn roedd gan yr Eidal naw catrawd a'r Almaen bedair catrawd yn ymladd i amddiffyn Sicilia, a'r Cynghreiriaid chwe catrawd o'r 5ed Fyddin ac ar yr ochr orllewinol saith catrawd o'r 8fed Fyddin enwog.

Wedi i luoedd yr Echel gael atgyfnerthu eu byddin, rhoddodd Hitler orchymyn i'r Cadfridogion amddiffyn Catania a pheidio â chilio'n ôl yr un fodfedd. Roedd ganddynt fantais o fod ar dir uchel ac ar fynydd Etna yn gweld a sylwi ar bob symudiad ar y gwastadedd.

Bu ymladd caled am ddyddiau cyn i luoedd yr Echel ildio a ffoi am gulfor Messina, a llwyddo i fynd drosodd yn ôl i dir mawr yr

Eidal gyda rhan helaeth o'u byddin, ond gorfod gadael cannoedd o gerbydau rhyfel, tanciau a gynnau o bob math ar ôl.

Erbyn 17eg Awst 1943 roedd yr ynys gyfan yn ein dwylo ni. Ymhen 38 o ddyddiau roedd yr ymgyrch trosodd yn Sicilia. Ond och, y fath golled mewn bywydau. Dyma adroddiad swyddogol y General Marshall: Collodd lluoedd yr Echel 167,000 o wŷr gyda 37,000 ohonynt yn Almaenwyr. Collodd y Cynghreiriaid 31,158 wedi'u lladd a'u clwyfo.

Llosgfynydd Mwyaf Ewrop

Dw i'n cofio cysgu un noson ger pentref bach wrth droed llosgfynydd Etna. Roedd y rhan fwyaf o'r pentref wedi'i orchuddio gan lafa chwilboeth oedd wedi chwydu o grombil Etna ganrifoedd maith yn ôl ac wedi oeri yn galed fel haearn Sbaen. Deffrois ar doriad gwawr a gweld golygfa na welais ei fath erioed – rhimyn o fwg yn cael ei chwydu o'r twll ar ben Etna. Anhygoel!

Y noson gyntaf, 10fed Gorffennaf 1943, roedd rota a phawb yn ei dro i fod i wneud dwy awr o ddyletswydd gwarchod yn y goedlan. O ddeg o'r gloch hyd hanner nos oedd yr amser i Cyril a minnau warchod. Bu'n eithaf tawel ar y cyfan ond a hithau'n tynnu at hanner nos, bron iawn yn amser i newid y *guard*, clywsom sŵn yn dod o'r llwyni.

Tro Trwstan

Roedd gan y 138 M.E. gôd arbennig y noson honno. Eglurodd y Capten ei bod yn hollbwysig fod pob copa walltog yn ei wybod. Roeddem i alw allan pe bai unrhyw un yn ceisio dod i mewn i'n *compound* ni. Y côd oedd 'Desert Rat' a'r ateb oedd 'Sing Italian' ond doedd dim atebiad, a'r sŵn fel sŵn rhywun yn cerdded tuag atom. Er i ni alw allan yn uchel, erbyn hyn roedd Maxi a finnau wedi codi'r *Lee Enfield rifle* at ein hysgwyddau yn barod i danio. Gwaeddodd Maxi "Halt" ddwy waith neu dair, ac yna daeth llais o'r llwyni, "Friend, friend." Na, nid y gelyn ond dau filwr croenddu a'u dwylo i fyny, ac ar goll. Perthyn i gatrawd o fyddin De Affrica – 'Comrades in arms' onid e! Roedd y ddau wedi crwydro o'u *compound* a wedi mynd ar goll. Arhosodd y ddau gyda ni hyd nes i'r Sarsiant ddod i newid y *guard* a'u hebrwng yn ôl i'w cwmni.

Tro trwstan a allasai fod wedi bod yng angeuol, mor hawdd â pheidio, a Cyril a finnau yn diolch i Dduw na ddigwyddodd hynny ddim.

Gorffwys yn y fan a'r lle

Dywedodd y Capten ein bod yn aros y noson honno hyd doriad gwawr y bore ac mai peth doeth oedd i ni dyllu i mewn (*dig in* chwedl yntau). Roedd hynny yn golygu cloddio ffos i mochel gan fod ymosodiad o'r awyr yn debygol. Ond roedd Cyril a minnau wedi blino cymaint, y cwbl a wnaethom oedd taenu'r flanced lawr a syrthio i gysgu yn syth bin ar y ddaear noeth.

Cofiaf ddeffro o drwmgwsg i sŵn byddarol – roedd y *bombers* Almaenig wedi ein cyrraedd ac yn gollwng eu ffrwydron arnom, yn enwedig ym mhorthladd Siracusa, a rhai o'r llongau oedd yno yn cludo cyflenwad i'r 8fed Fyddin yn cael eu taro a'u rhoi ar dân nes roedd yr awyr yn goch uwchben. Cafodd Cyril a minnau ein dal yn cysgu megis fel y pum morwyn ffôl heb olew yn eu lampau pan ddaeth y priodfab, a minnau heb ffos i guddio ac heb raw i gloddio pan ddaeth yr *Heinkel bombers*.

Doedd dim amdani ond defnyddio'r fidog ddur i dyllu twll i fynd iddo, a dyna lle buom, Cyril a finnau, un yn tyllu hefo'r fidog a'r llall yn codi'r pridd hefo'i ddwylo a'i daflu allan hyd nes y cawsom ddigon o ddyfnder i orwedd ynddo cyn i'r *bombers* ddod eilwaith. Doedd dim modd cysgu efo sŵn byddarol y bomiau a'n gynnau ni, yr *ack acks*, yn ergydio ar awyrennau y gelyn. Dim ond gweddïo i Dduw ein harbed, a gwardio yn y twll. Bu llawer o weddïo y noson honno, y 10fed o Orffennaf 1943. Mae'n syndod cyn lleied o anffyddwyr sydd i'w canfod ar faes y gad! Diolch am gael dod yn ddihangol!

Seibiant

Wedi i Catania gwympo symudodd y brwydro i dir mawr yr Eidal a'r 8fed Fyddin yn croesi culfor Messina oedd tua 3 milltir o led, ac ymosod ar drefydd Reggio, Taranto a'r Bari. Roedd ein cwmni ni wedi cael eu tynnu'n ôl i gael egwyl fach o ryw saith i wyth diwrnod. Dw i ddim yn cofio'n iawn faint ond beth rwyf yn gofio'n iawn oedd ein bod ar draeth dwyreiniol Môr Adriatig yn torheulo yn yr haul a nofio pryd y mynnwn. Mae'r ynys yn enwog am ei phrydferthwch a'i thraethau euraid, yn wrthgyferbyniad llwyr i ddiffaethwch rhai o wledydd y Dwyrain Canol y bûm ynddynt.

Byddwn yn dotio at yr amrywiaeth o goed oedd yn tyfu yn Sicilia, coed ceirios, eirin, ffigys, gellyg, gwinllannau grawnwin a llawer mwy, a chaeau o *pomadori*. Digonedd o *vino rosso* a *bianco* a'r *marsala* sy'n fyd enwog.

Fel yr oedd byddin yr Almaen yn cilio'n ôl yn yr Eidal, eu tacteg oedd chwythu pob pont ac unrhyw beth a fuasai yn rhywystr i fyddin y Cynghreiriaid fynd ymlaen. Achosai hyn broblem fawr gan atal y tanciau a'r gynnau mawr rhag croesi. Wedyn ein tasg ni'r Peirianwyr Brenhinol oedd ceisio rhoi pont *Bailey* at ei gilydd. Roedd honno yn dod yn ddarnau fel set Meccano. Roedd yn dasg beryglus ar y naw gan y byddai'r Almaenwyr yn amddiffyn y bont i'r munud olaf cyn tanio'r ffrwydron i'w dymchwel.

Ar Dir Mawr yr Eidal

Daeth yr egwyl ar draeth y Môr Adriatig i ben, gwaetha'r modd. Y cam nesaf oedd mynd ar long a chael ein cludo i dir mawr yr Eidal i le o'r enw Manfredónia, gan ffarwelio â Sicilia dlos. Porthladd ydi Manfredónia ar arfordir y Môr Adriatig nid nepell o Foggia ble roedd maes awyr mawr. Wrth edrych ar fap o'r Eidal, mae'n debyg iawn i goes a throed yn rhoi cic i bel, sef Sicilia. Wel, ychydig uwch na ffer y goes oedd Tref Manfredónia.

Americanwyr oedd criw y llong, a dw i'n cofio un digwyddiad a greodd banic ymysg y criw a'r teithwyr oedd arni. Deffroais i sŵn magnelau a'r llong yn cael ei hyrddio a chryn gynnwrf ymysg y criw; rhai yn rhedeg i fyny ac i lawr y grisiau a gweiddi mawr; digon i ddychryn y cryfaf ohonom! "Nobody to go on deck," oedd y gorchymyn.

Cawsom wybod beth oedd yr achos wedyn. Roedd ein llong ni yn hwylio yng nghulfor Albania ac wedi dal yn rhy agos i arfordir y wlad honno. Y canlyniad oedd i'r gelyn ein canfod a'n targedu gyda'r gynnau mawr a'r magnelau yn ffrwydro o'n cwmpas. Ond drwy drugaredd, llwyddodd y Capten a'i griw i fynd â'r llong o'u cyrraedd yn bur fuan ac yn ddihangol!

Gwersylla yn yr agored
Ar ôl glanio ym mhorthladd Manfredónia aethom i wersylla ar gyrion y dref i ddisgwyl i'r peiriannau gael eu dadlwytho o'r llong L.S.T. Roeddem yn cysgu o dan gynfas mewn pabell fach o'r enw *bivouac*, to bach fel to tŷ arni. Mi roedd y bwyd wedi mynd yn brin

erbyn hyn a ninnau yn ôl ar yr *hard ration* fel y'i gelwid, bisgedi caled, siocled caled, cawl *Mackonochie*.

Mi oedd gan fy mêt Maxi a finnau flys mynd am dro i gyfeiriad y dref. "Let's go for a scout," meddai Maxi. "Iawn," atebais gan gofio'r hen ddywediad, 'Os na fentri di beth, enilli di ddim.' Chwilio'r tir megis.

Cyfarfod Eidalwyr

Wedi cerdded oddeutu chwarter awr daethom at dŷ go fawr ar ochr y ffordd. Roedd pobman yn ddistaw fel y bedd a'r un copa walltog i'w weld a dim ond sŵn y gynnau'n tanio yn y pellter. "They're all hiding," meddai Maxi. Ond cyn pen dim gwelsom ddyn yn yr ardd a dyma fynd yn nes ato a'i gyfarch gyda "Buongiorno, come sta," yr ychydig Eidaleg yr oeddem wedi'i ddysgu. Gofynnodd Maxi iddo oedd dichon prynu *pane* (bara) a *burro* (menyn) yn rhywle, a dyna ni yn clywed yr un llith a glywsom lawer tro yn Sicilia, "Tedeschi sono cattivi. Ladri. Italia molto povera. Senza nulla per mangiare. Tutto finito." Mi oedd hynny'n wir – roedd y lluoedd Almaenig wedi ysbeilio'r wlad.

Roedd yn anodd peidio tosturio wrthynt a dyma ni yn rhoi peth o'r biscedi caled, siocled a sigarennau, oeddem wedi stwffio i bocedi ein tiwnic, iddynt. Doedd dim diwedd ar y diolch i ni a "tedeschi niente buono" a "Soldato Inglese" yn "molto buono." Ceisiais egluro mai *Gallese* oeddwn i. "Aspettare un momento," medda fo a rhedeg am y tŷ. Cyn pen dim daeth yn ôl a hogyn a hogan yn eu harddegau hefo fo, "Figlia e figlio," meddai a chawell bach ganddynt ac ynddo hanner dwsin o fara bach crwn yn anrheg i ni – bara *integrale* (grawn cyfan) nad oedd y *Tedeschi* wedi llwyddo i gael hyd iddynt yn y guddfan. Wedi diolch, *grazie* ac *arrivaderci*, a dyma Maxi a finnau yn ei heglu'n ôl i'r gwersyll i fwynhau'r bara bach brown blasus.

Fel y soniais eisoes nid oedd meysydd awyr Foggia nepell, ac i'r fan honno yr aethom ar frys wedi i ni gael ein peiriannau ar dir sych. Roedd y bomio wedi bod yn drwm ar y maes glanio o'r ddwy ochr; gan yr R.A.F. i'w feddiannu, ac wedyn gan y *Luftwaffe* i'w ddinistrio. Ein tasg ni oedd llenwi'r tyllau a'i wastatáu.

Llywodraeth Newydd yn yr Eidal

Ar 8fed Medi 1943 ildiodd Llywodraeth yr Eidal i luoedd y Cynghrair a rhoi eu harfau i lawr. Cadoediad oedd wedi'i gyhoeddi a'i arwyddo ar y cyd rhwng y Cynghreiriaid a llywodraeth newydd yr Eidal. Roedd Mussolini wedi ei ddymchwel yn Awst 1943 ac wedi'i garcharu ar ynys Ponza. Roedd y Brenin Vittorio Emanuele III a'r Cadfridog Badoglio wedi ffoi i'r de i ffurfio llywodraeth newydd. Cyhoeddodd yr Eidal ryfel yn erbyn yr Almaen ym mis Hydref 1943 a daeth miloedd o filwyr yr Eidal i ymladd ysgwydd wrth ysgwydd â lluoedd y Cynghreiriaid, eu hen elyn ar y cychwyn.

Araf iawn oedd lluoedd y Cynghrair yn symud ymlaen. Roedd Hitler wedi dod ag ugain catrawd i ymladd yn ein herbyn. Y patrwm gan yr Almaenwyr oedd cadw meddiant tan y munud olaf, yna tynnu'n ôl filltir neu ddwy. Ond nid cyn gadael llanast – adeiladau wedi'u malurio ar draws y ffyrdd a phontydd wedi'u chwythu'n chwilfriw. Wedi croesi un afon roedd afon arall yn wastad ar y ffordd i atal lluoedd y Cynghreiriaid rhag symud ymlaen yn gyflym. Ar ôl mynd heibio un mynydd, wele fynydd arall o'n blaenau a hwnnw'n amddiffynfa gadarn gan y gelyn. Ond o dipyn i beth ennill tir oedd hanes y Cynghrair a'r afon Trigno wedi'i chroesi.

Erbyn hyn, Tachwedd 1943, roedd y gaeaf wedi dod ar ein gwarthaf. Glawogydd mawrion wedi gwneud y ffyrdd yn anodd i'w tramwyo a mynych y gelwid ein Platŵn 8 M.E. gyda'u teirw dur i agor ffordd er mwyn i'r tanciau a'r gynnau allu symud ymlaen.

Afonydd i'w Croesi

Yn Rhagfyr 1943 roedd brwydr y Sangro ar ei hanterth a'r gost mewn bywydau yn aruthrol. Wedi croesi'r Sangro roedd y Moro, ond tu ôl i'r Moro roedd y Foro a tu ôl i'r Foro roedd y Pescara. Bu brwydro ffyrnig ar lannau'r Sangro a cholledion trwm a bu rhaid i'r 5ed Fyddin o dan y Cadfridog Mark Clark a'r 8fed o dan Montgomery aros yn y mwd a'r baw i atgyfnerthu. Dyma'r frwydr olaf i Monty ei brwydro yn yr Eidal; galwyd ef yn ôl i Brydain i baratoi am y glanio yn Ffrainc.

Nadolig 1943 oedd y pedwerydd Nadolig i mi ei dreulio yn y

Fyddin, a dim sôn am gael mynd adref! Un peth da – roedd y llythyrau oddi cartref yn ein cyrraedd yn well o lawer ac roeddem yn eu derbyn bob tair wythnos i fis. Cefais wybod fod fy mrawd Henry rhywle yn y Sudan, yn Affrica. Clywais hefyd bod dogni ar fwyd a dillad ym Mhrydain.

Ifaciwîs

Roedd ifaciwîs wedi cyrraedd Llanddaniel a Mam wedi rhoi ei henw i lawr i gymryd dau, Norman a'i chwaer Evelyn o Lerpwl. Ond caed tipyn o broblem pan gyraeddasant. Roedd gan Norman ddeigryn yn ei lygaid ac yn dal ei afael yn dyn yn llaw chwaer fach arall oedd ganddo o'r enw Pam (dim ond 3½ oed oedd hi) a brawd bach arall o'r enw Frank, ac yn pledio am i'r pedwar ohonynt gael aros hefo'i gilydd. Wel, dyna broblem achos doedd Drogan ddim yn dŷ mawr, ond bu i reddf Mam oroesi, a thosturio a dweud wrth y swyddog dosbarthu y buasai yn cymryd y pedwar i ddechrau beth bynnag. Wel yno y buont tan ddiwedd y rhyfel efo fy Nhad, Mam, Megan a Jeni. Daethont i siarad Cymraeg yn rhugl; doeddent yn clywed dim arall ar aelwyd y cartref.

Maent yn byw rŵan yn Calgary, Canada ac yn cadw cyswllt â ni ac yn galw i'n gweld ar adegau a hynny ar ôl cymaint o amser. Hyfryd oedd cael darllen y llythyrau oddi cartref (a'u darllen llawer gwaith trosodd a throsodd, a dweud y gwir) am newyddion y pentref a'r ardal er iddynt fod yn hen newyddion yn aml.

Tra'n sôn am ysgrifennu llythyrau, gofynnodd dau o'm cyd-filwyr yn yr 8 M.E. Platŵn a fuaswn yn ysgrifennu pwt o lythyr trostynt i'w gwragedd gartref gan eu bod hwy yn anllythrennog. Syndod mawr oedd clywed hyn achos roeddwn yn eu hadnabod yn dda ac yn gwybod mor ddawnus a galluog yr oedd y naill a'r llall mewn llawer cyfeiriad. Yr hyn oedd yn anhygoel oedd fod un ohonynt yn gallu siarad tair o ieithoedd, ie siarad nid darllen. Roedd yn anodd deall y peth, ond roedd yn ffaith. Addewais y buaswn, ond i'r ddau arddywedyd i mi beth i'w ddweud. Rhois ar ddeall iddynt y rhown ef i lawr yn union fel yr oeddynt yn adrodd wrthyf.

Roedd gwahaniaeth mawr yng nghynnwys y ddau lythyr. Roedd un yn fyr ac i'r pwynt, yn dechrau gyda 'Dear Wife,' ac yn gorffen

'Love from Husband' a rhyw ddau gusan X X. Roedd yn rhaid dechrau'r llall hefo ribidirês o gyfarchion, 'My dear beloved darling wife. I would give the world to be with you...' Llythyr carwriaethol ar ei hyd ac yn gorffen gyda degau o gusannau. Roedd yn dipyn o gymeriad a chaed lot o hwyl yn ei gwmni!

Aeth Gwyl y Geni, Nadolig 1943, heibio'n ddigon di-sylw. Fel y soniais o'r blaen, hwn oedd y pedwerydd i mi yn y fyddin. *Sandwich* caws a chorn-biff a choffi poeth oedd ar y fwydlen y Nadolig hwn.

Man Anghysbell Ddifrifol

Roedd criw bach ohonom o'r 8fed platŵn wedi ein lleoli yn uchel iawn ar ochr ffordd oedd yn arwain tros y mynydd. Ein *bilet* oedd tŷ mawr, yn perthyn gynt i'r *Carabinieri* a'n tasg oedd cadw'r ffordd ar agor. Byddai yn bwrw eira'n drwm yn y nos, a rhaid oedd cychwyn yn fore gyda'r gwŷd eira a'r teirw dur i glirio'r ffordd er mwyn i'r tanciau a'r gynnau allu mynd ymlaen i'r ffrynt yn ddi-rwystr.

Roedd lluoedd yr Echel wedi tynnu'n ôl i linell Gustaf. Roedd y llinell hon yn amddiffynfa gadarn ar draws y wlad o'r gorllewin i'r dwyrain a thref Cassino yn ei chanol. Roedd y ffordd Via Castilia (*Route* 6) yn arwain i Rufain, 80 milltir i'r gogledd. Yn codi o ddyffryn Liri roedd mynyddoedd garw yr Abruzzi, 1,500 troedfedd o uchder, yn domineiddio'r dyffryn a'r gwastadeddau islaw.

Oherwydd y fantais a oedd gan luoedd yr Echel yn y mynyddoedd hyn, roedd yn amhosibl i ddim byd symud yn y dyffryn islaw heb iddynt ei weld a'i saethu. A phan oedd lluoedd yr Echel yn ymosod, roedd eu gynnau yn tanio o bob twll a chornel o'r clogwyni.

Mynachlog Monte Cassino

Ar ben y mynydd roedd adeilad anferth o waith cerrig gyda rhai o'r muriau yn 10 troedfedd o led yn y sylfaen a 150 troedfedd o uchder. Yn y flwyddyn 529 daeth Sant Benedict i'r fan yma i sefydlu'r fynachlog hon, Monte Cassino, y mwyaf enwog yn yr holl fyd. Yma roedd crud gwareiddiad y gorllewin. Roedd lluoedd y Cynghreiriad yn cynnwys gwledydd Prydain, America, Ffrainc,

Gwlad Pwyl, India, Affrica, Seland Newydd, Canada, y Gurkhas, Awstralia, Cameroon, ac eraill, yn ymladd yn Monte Cassino, a rhaid oedd iddynt ennill y tir uchel cyn y gallent symud ymlaen ar y ffordd i Rufain. Bu brwydro ffyrnig a gwaedlyd o 12fed Ionawr hyd at 18fed Mai 1944 ac eithrio ychydig ysbeidiau. Roedd y sefyllfa yn argyfyngus, y glawogydd mawr wedi troi'r dyffrynnoedd yn fwd, y tywydd oer wedi dod ar ein gwarthaf ac wedi rhewi'r mwd yn gorcyn.

Druan o'r gwŷr traed oedd yn gorfod ymladd ar lethrau'r mynyddoedd a gorfod aros yn yr ogofâu a'r tyllau yn y creigiau am dair wythnos a mwy, weithiau heb gael tynnu'n ôl i gael seibiant. Mi roedd yn amhosibl i unrhyw beiriant ar olwynion eu cyrraedd.

Roedd y milwyr yn gorfod dibynnu'n hollol ar y mulod (*Mule train*) i gludo bwyd a diod, tanwydd, bwledi ac yn y blaen i'r ffrynt. Dim ond 160 pwys oedd y mul bach yn gallu ei gludo a thua wyth galwyn o ddŵr a pheth o hwnnw'n fwyd iddo'i hun.

Roedd y mulod yn dychryn wrth i'r gynnau a'r *mortars* ffrwydro'n eu hymyl ac yn neidio dros y dibyn i'w marwolaeth, a gwaetha'r modd yn gorfod cael eu gadael yno i ddrewi. Mae llawer hanesydd wedi dweud fod yr ymladd yn Cassino yn debyg iawn i'r sefyllfa yn Fflandrys, y Somme a Passchendaele yn Rhyfel 1914-1918. Roedd milwyr y Cynghreiriaid yn gorfod ymladd yn erbyn goreuon y Fyddin Almaenaidd, y *panzers*, commandos, Hermann Goering divisions a hynny law yn llaw yn aml.

Dinistrio Mangre Gysegredig a Diwylliedig

Peth arall oedd yn bwnc llosg ynglŷn â Monte Cassino oedd a oedd angen bomio a dinistrio'r Fynachlog. Roedd y Cadfridog Mark Clark yn erbyn a'r Cadfridog Freyberg o Seland Newydd o blaid gan ddadlu fod bywydau ei filwyr yn cyfrif mwy o lawer nag adeiladau a meini. O'r diwedd cafwyd caniatâd gan y Pencadfridog Alexander i ddinistrio'r Fynachlog a rhoddodd Mark Clark y gorchymyn yn erbyn ei ewyllys.

Ar 14eg Chwefror 1944 gollyngwyd miloedd o daflenni o'r awyr i rybuddio'r mynachod a'r ffoaduriaid i adael yr adeilad ar unwaith o dan faner wen. Ar 15fed Chwefror daeth y *Flying Fortresses* a gollwng 253 tunnell o fomiau ar y Fynachlog ar ben Monte Cassino.

Hefyd daeth llu awyr Môr y Canoldir a gollwng 100 tunnell yn ychwaneg. Amcangyfrifir fod tua 2,000 o ffoaduriaid a mynachod wedi eu lladd yn y bomio, rhai oddi mewn a rhai oddi allan. Hefyd ar dref Cassino yn unig gollyngwyd 1,000 o dunelli o fomiau a 1,200 o ffrwydron.

Roedd Monte Cassino i gyd yn mygu a gorchudd o lwch a mwg dudew yn cuddio Mynachlog San Benedict. Bu'r 8fed a'r 5ed Fyddin yn ymosod yn ffyrnig ar yr Almaenwyr, a hwythau'n dal eu tir gyda goreuon y fyddin Almaenig fel y cyfeiriais o'r blaen.

Defnyddio'r Iaith Gymraeg
Defnyddiwyd dichell i dwyllo'r gelyn yn ystod cyfnod yn nhref Cassino ym mis Ebrill 1944. Defnyddiodd Swyddog Arwyddo o'r 3ydd Gwarchodlu Cymreig yr iaith Gymraeg yn yr oll o'r cyfarwyddo a'r cyfathrebu ar y radio. Ymhen pedair awr ar hugain roedd yr Almaenwyr yn bombardio eu llinellau hefo miloedd o daflenni propaganda wedi'u hysgrifennu yn yr iaith Urdu.

Dwy afon a oedd yn rhaid eu croesi oedd y Garigliano a'r Rapido, er mwyn cael meddiant a symud ymlaen i ddyffryn Liri ar y ffordd i Rufain ar y Via Caselina. Anodd iawn oedd croesi'r Rapido er nad oedd ond 60 troedfedd o led, ond mi oedd yn hen afon ddofn: 9 troedfedd o ddyfnder a cherrynt 8 milltir yr awr a thorlannau o 3 troedfedd.

Bu lluoedd y Cynghreiriaid yn ceisio croesi mewn badau ond methiant fu eu hymdrech. Lladdwyd a boddwyd mwy na'u hanner a gorfu i ni dynnu'n ôl. Bu'r *Sappers* yn ceisio codi *pontoon* dros y Rapido er mwyn cael y tanciau a'r gynnau drosodd. Ond ar doriad y wawr cawsant eu malurio gan ffrwydron y gelyn.

Tynnu'n ôl i atgyfnerthu fu hi wedyn tan 11eg Mai 1944 ac erbyn hynny roedd gan luoedd y Cynghrair 1,600 o ynnau, 2,000 o danciau a 3,000 o awyrennau ar ffrynt o 20 milltir, yn ôl ffigyrau swyddogol.

Ar ben 11 p.m. yr 11eg o fis Mai 1944 dyma'r 8fed a'r 5ed Fyddin yn agor i fyny gyda'r fath nerth a grym arfau nes roedd y ddaear i'w deimlo yn crynu fel daeargryn. Styfnig iawn oedd yr Almaenwyr i ildio, a bu ymladd am bob modefedd o'r mynydd.

Bu cadoediad rhwng lluoedd y Gynghrair a lluoedd yr Almaen i gladdu cyrff y meirw. Bu ysgwyd dwylo, rhannu sigarennau, siocled ac yn y blaen. Cyfeillion am ennyd awr, ac yna yn ôl i'w tyllau ac at eu gynnau i ladd ei gilydd. Mae'r holl beth yn anhygoel, ond fe ddigwyddodd. "Pa werth na thry yn wawd," medd Waldo.

Trefnodd Capten Dempster i ni hogiau y *8th Mech. Equip.* gysgodi yng nghesail bryncyn, ac wrth swatio yn y fan honno roeddwn yn teimlo'n reit ddiogel yn clywed ffrwydron yn sgrechian dros ein pennau ac yn ffrwydro ar gwrt fferm tua tri chan llath oddi wrthym.

Digwyddiad bythgofiadwy

Ar 17eg o fis Mai 1944 bu digwyddiad bythgofiadwy a ninnau yr *8th Mech. Equip.* gyda'n gilydd eto ac yn paratoi i fynd yn nes i lawr at yr afon. Daeth Sarsiant Milburn atom a swyddog gydag o, nid o'n platŵn ni ond o'r R.A.M.C. Eglurodd Milburn wrthym fod yna lawer o filwyr wedi'u lladd a'u clwyfo wrth y Rapido a bod y swyddog wedi dod i ofyn a fuasai yn bosibl iddo gael dau neu dri ohonom oedd yn gallu dreifio lorïau i fynd gydag o at lan yr afon i gludo'r clwyfedigion i fyny i'r man cymorth cyntaf. Gofynnodd Milburn i mi, Maxi a Jock fynd efo'r swyddog ac felly y bu.

Rhaid oedd bod yn ofalus i gadw at y llwybr yr oedd y *sappers* wedi'i agor i fyny trwy'r ffrwydron daear a chadw oddi mewn i'r tapiau gwyn. Roedd yr Almaenwyr yn defnyddio yr *88mm* a'r *mortars* i fombardio y rhan yr oeddem ynddi. Hefyd ceid math o ffrwydron a oedd yn ffrwydro yn yr awyr uwch ein pennau, *anti personnel*, fel y'u gelwid.

Uffern o le oedd hwn ac angau a bywyd yn cerdded ochr yn ochr. Daeth ofn mawr drostaf – profiad a fu'n hunllef i mi am y rhawg. Ychydig o lathenni i'r chwith i ble'r oeddem yn rhoi y clwyfedig ar y lorïau, gwelais olygfa a'm cyffyrddodd yn fawr. Yno yn sefyll ac yn darllen o'r Beibl ac yn ben-noeth roedd Caplan o'r fyddin ac yn cynnal gwasanaeth claddu yng nghanol y tân. Dyn dewr a digyffro iawn.

Cyrhaeddom yr uned ble roedd y meddygon i drin eu harchollion. Deallais mai milwyr o Dde Affrica oeddynt. Diolchais i Dduw am ein harbed; cawsom ymuno â'r platŵn yn ddihangol. Mae anffyddwyr yn fodau prin eithriadol ar faes y gad! Pan gyrhaeddom yn ôl i'r platŵn, roedd yn *stand to* gyda neb i symud, a gorchymyn i fod yn barod i fynd ymlaen ar fyr rybudd a dogn o *rum* i bob un a oedd ei eisiau.

Cafodd hen gyfaill i mi, Tudor Edwards, o Fangor ei glwyfo yn arw mewn man a elwid yn Hangman's Hill. Cludwyd ef i ysbyty yn Napoli. Bu'n anymwybodol am ddyddiau lawer ond daeth drwyddi yn y diwedd. Byddwn yn cael aml i sgwrs pan fyddwn yn cyfarfod â'n gilydd ar stryd fawr Bangor.

Gardd Goffa i'r Pwyliaid

Medrodd yr Almaenwyr ddal eu gafael ar adfeilion Mynachlog Monte Cassino hyd oriau mân y 18fed Mai 1944. Milwyr Gwlad Pwyl oedd y rhai cyntaf i gyrraedd y copa a gwelwyd baner genedlaethol Gwlad Pwyl yn hofran ar yr adfail. Dw i'n cofio edrych i fyny a'i gweld. Llawenydd! Roedd y Pwyliaid wedi ymladd yn ffyrnig ar lethrau'r mynydd o dan amgylchiadau ofnadwy. Eu hesboniad oedd, "Rydym ni'n ymladd i gael ein gwlad yn ôl, ac yn ei chyfrif yn anrhydedd." Roedd dewrder y Pwyliaid y tu hwnt i glod. Yng ngardd goffa'r Pwyliaid ar lethrau'r bryn (*Point 593*) mae'r arysgrif hwn ar gofeb:

> We Polish soldiers, for our freedom and yours, have given our souls
> to God, our bodies to the soil of Italy, and our hearts to Poland.

Roedd yr ymladd am dros bedwar mis mewn amgylchiadau difrifol wedi bod yn bris uchel i'w dalu. Colledion y Cynghreiriaid yn 118,000 wedi'u lladd neu eu clwyfo. "Cas beth o hyd yw cofio Cassino."

Ymlaen oedd yr arwyddair rŵan – Cassino wedi cwympo a sector Anzio hefyd ar ôl brwydro hir a chaled am dros bedwar mis yn symud ymlaen. Roedd brwydr Cassino yn un o'r mwyaf gwaedlyd a dadleuol a fu yn yr Ail Ryfel Byd.

Cawsom ein galw i glirio'r ffordd gyda'r teirw dur, a gwneud llwybr trwy'r llanast. Roedd y Fynachlog yn garnedd, ac roedd tref Cassino ei hun wedi'i chwalu'n chwilfriw a'i gwastatáu i'r llawr. Nid oedd yr un adeilad yn sefyll, ac offer rhyfel wedi llosgi i'w gweld ymhobman. Wrth edrych i fyny at lethrau Monte Cassino ble cynt roedd coed olewydd a gwinllannau'n tyfu, doedd bellach ddim ond boncyffion duon wedi'u llosgi'n lwch.

Dw i'n cofio gweld y blodau bach gwyn a phabis cochion yn gwthio eu pennau trwy'r mwd ac olion y brwydro – y fath brydferthwch ynghanol yr hagrwch. Mewn un man lle roedd y ffrwydron wedi aredig y tir, sylwais fod porfa las a meillion yn dangos eu pennau eto. Roedd yn wanwyn diweddar yn Cassino.

Llwyddodd lluoedd yr Almaen unwaith eto i osgoi'r trap a symud eu byddin tu ôl i'r *Gothic line* a thrwy hynny yn gorfodi'r Cynghreiriaid i ymladd eto am bob modfedd sgwâr wrth symud i fyny tua gogledd yr Eidal. Bu hyn yn gryn siomiant i ni gan ein bod yn rhyw ddisgwyl y buasai'r brwydro trosodd, o leiaf yn yr Eidal, gyda chwymp Cassino a buasem yn cael mynd adref yn fuan.

Trist iawn oedd yr olygfa wrth weld llawer o'n milwyr wedi'u claddu o dan y rwbel, a hynny yn creu arogl ofnadwy.

Salwch Meddwl

Bu llawer yn dioddef gyda salwch nerfau a gorfu i rai fynd i'r ysbyty meddwl yn Caserta i gael gwellhad. Doedd dim rhyfedd i Walter ysgrifennu adref i ddweud, 'Don't expect normal letters from me because I won't be normal for some time.' Mae'n hawdd iawn digalonni ac anobeithio. *Post traumatic stress disorder* ydi'r enw arno heddiw. Mae gobaith yn gymwynaswr mawr ac wedi cynnal ac ysbrydoli llawer mewn dyddiau anodd a dyrus:

'Er cur hen a llawer craith,
Ni châr neb fyw heb obaith.'

Y Ddinas Dragwyddol

Roedd lluoedd yr Almaen ar ffo a lluoedd y Cynghreiriaid yn symud ymlaen yn gyflym ar y ffordd i Rufain. Erbyn 4ydd Mehefin 1944 roedd cerbydau arfog y 5ed Fyddin ar gyrion y ddinas.

Dwed haneswyr fod y Cadfridog Mark Clark wedi diystyru gorchymyn y Pen-cadfridog Alexander i dorri ar draws llinell y 10fed Fyddin Almaenig, a thrwy wneud hynny eu dal heb iddynt allu dianc. Ond yn lle hynny aeth Mark Clark a'i 5ed Fyddin yn syth am Rufain, am ei fod eisiau bod y cyntaf i gyrraedd y Ddinas Dragwyddol. Ar y 4ydd o Fehefin roedd cerbydau rhyfel ar gyrion y ddinas. Ar y 6ed o Fehefin roedd Mark Clark yn gorymdeithio'n fuddugoliaethus ar balmentydd marmor Rhufain ac yn mwynhau'r croeso a gafodd o a'i filwyr – cawodydd o flodau a channoedd o gusanau gan signorinas hardd Rhufain.

Erbyn hyn, tua diwedd mis Mehefin 1944, roedd yr Wythfed Fyddin wedi mynd ymlaen i'r gogledd gryn bellter o Rufain a threfnwyd i filwyr oedd heb gael *leave* ers peth amser gael mynd am seibiant i Rufain, y ddinas dragwyddol, fel y'i gelwir gan lawer, i atgyfnerthu.

Cyfeillgarwch

Daeth tro Maxi, Dick a minnau i fynd am egwyl. Teithio i lawr i Rufain mewn tryc agored, taith oddeutu pedair awr a'r hin yn boeth yr adeg honno o'r flwyddyn yn yr Eidal. Cawsom *bilet* mewn lle dymunol yn y ddinas a buan iawn yr oeddem yn mwynhau'r hamdden ar lannau'r Tiber yng nghanol rhamant Rhufain.

Hefyd agorwyd cantîn mawr i luoedd y Cynghrair a genod del

(*signorinas*) yn gwasanaethu arnom wrth y byrddau. Roedd yno lyfrgell a siop a chafodd Maxi a minnau lyfrau ar sut i ddysgu siarad Eidaleg. Sôn am hwyl gawsom ac roeddem yn benderfynol o ddysgu.

Pabydd oedd Dick a Phrotestant oedd Maxi fel finnau, ac roeddem wedi ffurfio cyfeillgarwch diffuant yn ystod y pedair blynedd y buom gyda'n gilydd yn yr un platŵn. O'r diwrnod cyntaf, yn naturiol, roedd Dick â'i fryd ar gael mynd i eglwys fawr Sant Pedr (*San Pietro*) ar fryn y Fatican i Feca'r Catholigion. Dyma lygad y ffynnon, megis. Yma, ym mhalas y Fatican roedd y Pab ei hun yn byw, ac yma yn ôl eu traddodiad, roedd beddrod yr Apostol Pedr.

"Dewch gyda mi," meddai Dick, er mai dau Brotestant oedd Maxi a finnau, "am na ddylech fyth golli'r cyfle i edmygu campwaith pensaernïol ac ysblander digymar San Pietro ac i goroni'r cyfan y fraint o weld y *Pontifex Maximus*."

Un da oedd fy nghyfaill am drefnu. Eglurodd fod rhaid ymweld â'r Fatican ar yr union ddiwrnod pan fyddai'r Pab yn ymddangos i fendithio'r dorf, ac i weld un o weithrediadau wythnosol y Pab yn San Pietro, sef y *papal audience*. Roedd Maxi a finnau yn hapus iawn i adael y cyfan yn nwylo Dick gan wybod y byddai wedi amseru popeth i'r funud.

Yn y cyfamser aethom i ddarganfod rhyfeddodau Rhufain a pheth o'i hanes, a sylweddoli gwirionedd y ddihareb, 'nid adeiladwyd Rhufain mewn diwrnod.'

Peth o Hanes Rhufain

Sefydlwyd Rhufain yn y flwyddyn 754 C.C. ac yn ôl traddodiad dyweder i efeilliaid gael eu gadael ar lan yr afon Tiber ac iddynt gael eu magu gan fleiddiaid mewn ogof. Eu henwau oedd Romulus a Remus – y fleiddast sy'n magu'r babanod yw arwyddlun Rhufain hyd heddiw.

Wedi i Romulus dyfu ymsefydlodd ar fryn y Palatine. Dywedir iddo aredig cwys o amgylch y ddinas a phwy bynnag a'i croesai, rhoddid ef i farwolaeth, a dyna ddigwyddodd i Remus ei frawd am iddo herio'i efaill.

Dangosodd Rhufain ei hathrylith digymar am drefnu a gweinyddu cyfraith. Dywedodd Augustus (dyna ddewisiodd

Octavian ei alw ei hun) fod Rhufain ar ddechrau ei deyrnasiad ef wedi'i hadeiladu o friciau mwd, ond iddo ei gadael yn ddinas o farmor ysblennydd, diwylliedig a soffistigedig – y ddinas brydferthaf yn y byd i gyd.

Tyfodd Cristnogaeth hyd yn oed yn y Rhufain baganaidd er gwaethaf y creulondeb a'r dioddef enbyd. 'Eithr yn y pethau hyn oll yr ydym yn fwy na choncwerwyr, trwy yr hwn a'n carodd ni.' Rhuf. 8:37.

Dioddefodd Rhufain ymosodiad erchyll gan y Fandaliaid yn 476 O.C. a bu'r ymerodraeth yn y gorllewin farw am yn agos i fil o flynyddoedd. Yna daeth y Dadeni a gwelwyd eto Rufain, y palasau a'r sgwariau mawreddog. Ym 1870, llwyddodd Garibaldi i ffurfio Eidal unedig gyda Rhufain yn brifddinas y wlad unwaith eto.

Erys rhai argraffiadau o'r ddinas yn fyw yn fy nghof o hyd a soniaf yma am ychydig ohonynt.

Un bore a'm dau gyfaill a minnau yn cerdded i lawr y Via Labica, gwelsom anferth o adeilad hirgrwn o flociau cerrig. Agorwyd yr adeilad hwn yn y flwyddyn 800 o dan yr enw 'Amffitheatr Flavia', ond gan ei fod yn agos i golofn Nero Colossus yr haul a oedd yn 150 troedfedd o uchder, galwyd yr adeilad yn Colosseum. Roedd yn mesur 200 llath o hyd, 170 llath o led, a 50 llath o uchder. Roedd lle i 50,000 eistedd i wylio dynion ac anifeiliaid gwylltion yn rheibio'i gilydd.

Aethom yn nghwmni tywysydd yn is i lawr i grombil oeraidd y cawr cerrig a gwelsom y celloedd lle roedd y llewod, yr eirth a'r llewpartiaid yn cael eu cadw cyn cael eu harwain i'r arena i larpio'r Cristnogion druan. Gwnaeth Cystennin ei orau glas i roi diwedd ar y gyflafan ond ni lwyddwyd i roi diwedd ar y sioe tan y bumed ganrif.

Wedi hynny gadawyd iddo ddadfeilio. Ysbeilwyd y cerrig marmor gan adeiladwyr y Dadeni a'u defnyddio i adeiladu palasau ac Eglwysi Rhufain. Teimlem ryddhad wedi dod i fyny o'r oerni a chael eistedd oddi allan yn yr heulwen i orffwys peth.

Cerdded ymlaen wedyn ar hyd y Via Imperioli a chael cipolwg ar y Foro Romano, y temlau a'r colofnau paganaidd, megis hwnnw i Castor a Pollux. Yno o'r hen fyd i olwg adeilad o'r bymthegfed ganrif, y Palazzo Venezia. Ar fryn y Capitolino gwelsom golofn ddisgleirwen a elwir yn Vittoriano i goffau uno'r Eidal. Yno mae grisiau hardd yn esgyn at draed cerflun anferth o Vittorio Emanuele II ar gefn ceffyl a dŵr rhedegog i gynrychioli'r ddau fôr o bobty'r Eidal, y Môr Adriatig a'r Môr Tyrreno, y cyfan o farmor gwyn.

Nid nepell o fryn y Capitolino mae carchar a elwid yn Marmertine. Enw arall mwy diweddar arno yw San Pietro in Carcare. Bydd pob Cymro yn deall beth yw ystyr yr enw. Mae yn adeilad o gerrig mawrion, digon i ddychryn rhywun. Yma y carcharwyd yr Apostol Paul yn ôl yr hanes. Bu yn byw mewn tŷ ardrethol am ddwy flynedd, a'r tebyg yw iddo gael ei daflu i'r carchar hwn cyn ei ddienyddio. Mae Paul fel petai'n gweld y diwedd, "Canys myfi yr awr hon a aberthir, ac amser fy ymddatodiad i a nesaodd." Tim. Ail 4:6.

Bu bron i Maxi, fy nghyfaill, a minnau cael ein bwrw i garchar hefyd ar y ffordd oddi yno am beidio â saliwtio i swyddog bach penchwiban. Ceisiais egluro ein bod ar ein gwyliau a dyna pam nad oeddem yn gwisgo cap ar y pryd. Gwylltiodd fwy fyth gan fygwth ein rhoi dan glo. Gan nad oedd neb gydag o i weithredu'r bygythiad, cerddodd fy nghyfaill a minnau ymaith heb saliwtio, dan chwerthin a'i adael i fytheirio.

Eglwysi
Mae tua 300 o eglwysi yn Rhufain, 80 wedi'u cysegru i'r Forwyn Fair. Cyfeiriaf yn fyr at un ar wahân i San Pietro, sef San Giovanni in Laterano sydd ond ychydig bellter o'r Colosseum. Ystyrir hon yr hynaf yn Rhufain a'r eglwys gadeiriol. Codwyd hi gyntaf gan Cwstenin. Mae rhai Pabyddion yn credu fod pennau Pedr a Paul yn cael eu cadw mewn blwch yno.

Bedd Augustus
Cof gennyf weld bedd yr ymerawdwr Augustus a drethodd yr holl fyd yn amser geni Iesu Grist. Claddwyd ef yn 14 O.C. Yma hefyd ei wraig Livia a llwch Gaius, Lucius, Tiberius, Claudius ac eraill o deulu Cesar. Uchelgais Mussolini oedd cael ei gladdu yma, ond druan bach, dalwyd ef pan oedd ar ffo o'r Eidal i'r Swisdir gan y *Partisans*. Saethwyd Il Duce a'i feistres Clara Petacci, a'u hongian wrth eu sodlau yn sgwâr Loreto ym Milan mewn amharch mawr.

San Pietro

Gwawriodd y 'big day', chwedl fy nghyfaill, y bu disgwyl eiddgar amdano. Diwrnod mynd i weld San Pietro ble roedd y Pab yn byw. Roeddem ill tri wedi codi'n fore i baratoi ar gyfer y daith – cerdded wrth gwrs! Ar ôl ymolchi, glanhau ein hesgidiau a bwyta pryd o fwyd, rhaid oedd cyflawni un gorchwyl bach cyn cychwyn. Roeddem wedi cerdded cymaint ar hyd heolydd Rhufain nes fod gwadnau ein hesgidiau wedi gwisgo'n dyllau a'r gorchwyl bob bore oedd stwffio cardbord neu ryw ddefnydd gwydn i'r esgid i arbed gwadn y troed rhag gwisgo hwnnw'n dwll hefyd. Doedd dim digon o liras i brynu rhai newydd.

Roedd yn fore braf, awyr las yr Eidal uwchben a ninnau'n anelu am y Citta del Vaticano ar hyd heolydd hynafol Rhufain, y Via Gregorio, Via Imperiale, heibio'r palasau, cymryd y Via Emanuele ac ymlaen ar hyd y Via Concilione nes dod i olwg yr eglwys fwyaf yn y byd yn sefyll yn urddasol ar fryn y Fatican.

Gosodwyd sylfeini hon ar safle hen eglwys Cystennin ym 1506. Roedd sgwâr mawr o'i blaen a dwy res o golofnau – y sgwâr prydferthaf a welais erioed ac eithrio sgwâr Llanddaniel! Cynlluniwyd San Pietro gan y cerflynydd enwog Giovanni Lorenzo Bernini.

Yng nghanol y sgwâr saif obelisg 132 troedfedd o uchder gyda'r sylfaen ac yn pwyso 320 tunnell. Cludwyd hon o'r Aifft gan Caligula tua 40 O.C. Gosododd Caligula hi gyntaf yn ei syrcas ar fryn y Fatican. Yn y fan honno roedd bwystfilod o syrcas Nero yn llarpio'r Cristnogion. Roeddynt yn cael eu llosgi ar stanciau a'u defnyddio'n goelcerthi byw i oleuo'r syrcas gerllaw. I'w gosod yn ei safle bresennol defnyddiwyd 800 o ddynion, 1,600 o geffylau a 45 pwli i godi'r obelisg – cost aruthrol. Bu rhai o brif benseiri Ewrop yn cynllunio'r eglwys – Bramante, Raphael, Michelangelo, a Fontanaa. Michelangelo hefyd fu'n gyfrifol am y gromen odidog.

Wrth nesáu at y fynedfa gwelais y balconi enwog a ddefnyddid gan y Pab pan ddoi allan i fendithio'r dorf ar ôl ei benodi'n Bab newydd. Safai gwarchodlu'r Swistir y tu allan i'r fynedfa yn eu dillad lliwgar rhesog o felyn, glas a gwyn.

Aeth fy nau gyfaill a minnau i fyny'r grisiau i borth yr eglwys ac ar bob llaw gwelsom y moethusrwydd, y cyfoeth a'r ysblander o aur a marmor, arluniau a cherfluniau.

Roedd yr artist mawr Michelangelo yn gwybod am y wythïen o farmor gwyn, y gorau'n y byd a geir ym mynyddoedd Apuan a bu yno lawer gwaith i ddewis darnau mawr heb ynddynt linellau na chrychni. O'r chwarel honno yn Carrara daeth y marmor i'r Marble Arch a phalmant St. Paul yn Llundain.

Gwelais gerflun o Pedr ac mae Pabyddion ar hyd yr oesoedd wedi cusanu ei droed dde nes bod y bysedd erbyn hyn wedi gwisgo'n llyfn fel fy esgidiau i!

Aethom i mewn i ganol y miloedd o bobl oedd wedi tyrru yno erbyn hyn. Ni fu rhaid disgwyl yn hir cyn i oleuadau yn y nenfwd ddisgleirio ac i orymdaith o esgobion a gweision y Pab ymddangos. Roedd cynnwrf y dorf yn fy atgoffa o dorf mewn Eisteddfod yn disgwyl i'r bardd buddugol godi ar ei draed. Ymddangosodd y Pab yn cael ei gludo mewn cadair ar rhyw fath o elor. Gwisgai gôt goch a gwisg wen ddisglair.

Mae gennyf gof i mi fod mewn ystafell yn llawn trysorau o bob math. Deallais mai anrhegion i wahanol babau oeddent gan frenhinoedd a thywysogion a mawrion byd. Ni welais erioed y fath arddangosfa o gyfoeth, coronau o aur ac arian, cerfluniau marmor, gemwaith a ffiolau i ddal gwin ac olew.

Mae 'na gant a mil yn rhagor o ryfeddodau i'w gweld yn Rhufain, megis y baddonau, y *catacombes*, ffordd Appia. Diolch na welir mwyach y tri gair oedd yn gyfarwydd i mi wedi'u paentio ar adeiladau ac ar furiau amlwg ym mhob man cyn cwymp Rhufain i'r Cynghreiriaid: arwyddair Mussolini a'i Ffasgwyr sef Credere, Ubbidire, Combattere.

Wel, mae'n anodd iawn i Gymro bach o anghydffurfiwr, oedd wedi arfer addoli mewn adeilad moel a diaddurn, ddygymod â'r lle, fel mae'n anodd iddynt hwythau ddygymod â'n dull ninnau.

Gadael Rhufain

Wel, rhaid oedd ffarwelio â Rhufain a'i phalasau. Daeth y pythefnos o seibiant i ben. Os oedd Rhufain wedi'i hennill, doedd y Rhyfel ddim drosodd. Bu'n rhaid i mi filwrio ymlaen am ddwy flynedd arall cyn cael fy nhraed yn rhydd.

Felly yn ôl â mi i ymuno â'm platŵn yn yr 8fed Fyddin. Bu'n werth chweil ac yn agoriad llygaid cael egwyl yn Rhufain a gweld lle roedd y Pab yn byw. Bu raid i luoedd y Cynghreiriaid ymladd yn galed ym mynyddoedd yr Appenino hyd at linell *Gothic* ac amddiffynfeydd yr Almaen. Erbyn hyn roedd Hydref 1944 wedi dod ar ein gwarthaf a dail y coed yn prysur newid eu lliw. Cafwyd glawogydd mawr gyda'r afonydd dros eu glannau. Ac unwaith eto oerfel, mwd, gwaed.

Fel mae'n wybyddus, mae Umbria a Toscana yn nodedig am eu harddwch. Gresyn fod offer rhyfel, y gynnau mawr, y tanciau, y teirw dur a cherbydau wedi gorfod mynd trwy'r gwinllannau a mathru'r ffrwyth i'r llawr nes oedd yr olwynion a'r traciau yn goch gan y sudd.

Ond os oedd y gwinllannau a'r perllanau wedi'u difrodi, ymffrostiai'r Pen-cadfridog Alexander ei fod wedi medru arbed dinasoedd heirdd Umbria a Thoscana rhag eu dinistrio.

Y Gaeaf

Bu gaeaf 1944-45 yn un hir a'r tywydd yn erwinol gyda rhew ac eira'n drwch ar y mynyddoedd. Ein gorchwyl ni, yr *8 Mech. Equip.* oedd gofalu fod y ffyrdd yn weddol glir i gerbydau rhyfel fynd yn eu blaen. Weithiau byddai'r eira yn bump i chwe troedfedd o drwch, a rhaid oedd cael teirw dur a'r aradr eira i'w symud.

Daeth Nadolig 1944, y pumed i mi yn y fyddin. Doedd fawr ddim gwahaniaeth rhyngddo ag unrhyw ddiwrnod arall, ond ei fod yn codi hiraeth ar lawer ohonom. Un peth da, roeddem yn cael bwyd a diod difai a chysidro lle mor anghysbell oedd Castegleni. Roedd tua ugain ohonom yn lletya dan yr unto (mewn adeilad oedd unwaith yn perthyn i'r *Carabinieri*) ac yn gweithio rota i fynd allan i glirio'r ffyrdd. Byddem yn cael digon o amser hamdden a gwnaeth Maxi, Shaun a minnau yn fawr ohono trwy fwrw iddi i ymarfer siarad a dysgu tipyn o Eidaleg. Daeth y llyfrau a brynwyd gennym yn Rhufain yn help mawr i ni.

Gwanwyn 1945

O dipyn i beth roedd y tywydd yn meirioli a'r gaeaf yn mynd heibio. Y glawogydd mawr a basiodd, gwelwyd blodau ar y ddaear, daeth amser i'r adar ganu – roedd y gwanwyn wedi cyrraedd Toscana.

Wedi i'r ddaear ddechrau sychu peth, roedd y peiriannau a cherbydau rhyfel yn gallu symud yn rhwyddach a'r ymladd yn ffyrnigo. Bu'r 8fed a'r 5ed Fyddin yn ymosod gyda grym mawr ar linell amddiffyn yr Almaen o fis Medi 1944 i fis Ebrill 1945.

Fel y soniais o'r blaen, arbedwyd y dinasoedd pwysig hanesyddol rhag eu dinistrio'n llwyr a chefais y fraint wrth deithio i fyny tua'r gogledd o weld ac aros am ryw ddwy i dair awr i edmygu godidowgrwydd a chelfyddyd y rhai hyn.

Bûm am ychydig yn Assisi, Perugia, Arezzo, Urbino a Pisa a chawsom ddau ddiwrnod yn Firenze. Roedd Firenze yn ddinas hardd – i mi hon oedd y perl. Doedd dim rhyfedd iddi gael yr enw Città dei Fiori; roedd yn ddinas y celfyddydau cain a dinas y Dadeni.

Firenze

Rwy'n cofio gweld cerflun gan Michelangelo o Dafydd mewn marmor gwyn tu allan i'r Palazzo Vecchio yn y Piazza della Signora. Roedd yr afon Arno yn rhedeg trwy'r ddinas a llawer o bontydd i'w croesi, ond roedd yr Almaenwyr wedi'u chwythu i fyny cyn gadael, oddigerth y Ponte Vecchio enwog gyda'i tho uwch ei phen a'r siopau bach ar bob ochr iddi. Mae gennyf gof cerdded ychydig gamau ar ei hyd, ac mae gennyf gof bod gwaharddiad i ni beidio â mynd ymhellach. Mae'r bont yn hen iawn; mae yno ers y bedwaredd ganrif ar ddeg. Bu enwogion megis Galileo a Michelangelo a theulu enwog y Medici yn cerdded trosti.

Yn Ebrill 1945 cychwynnodd yr 8fed Fyddin y frwydr fawr ddiwethaf yn yr Eidal ac ar yr 2ail o fis Mai 1945 ildiodd y gelyn yn ddiamod a rhoddodd miliwn o filwyr yr Almaen eu hunain i fyny yn garcharorion rhyfel.

Rwy'n falch fy mod wedi cael gweld dinasoedd mawr gwych a rhyfeddodau'r Eidal, ond nawr rhaid i mi gael ysgrifennu gair bach a dwyn i gof atgofion melys iawn am bentref bach mynyddig o'r enw Partina ar y ffordd i dref Forli. Dywedodd y Sarsiant ei bod yn debygol y caem seibiant am rai dyddiau ym mhentref Partina. Ond y broblem oedd fod angen rhywle â tho uwch ein pennau, gan nad oedd gennym hyd yn oed babell na *bivis* yn lloches i ni.

Cael Llety
Roedd y Sarsiant yn gwybod fod Maxi a minnau â'n pennau yn y llyfrau Eidaleg. "Dowch gyda mi," meddai, a dyna ni'n mynd ein tri heibio'r eglwys ac i fyny gallt gweddol serth. Roedd gelltydd ym mhob man yn yr adral yma. Gwelsom arwydd *Ristorante* a *Caffè Vino Locale*, ac i mewn â ni ac eistedd ar un o'r meinciau pren. Daeth y *cameriera* atom gan ein cyfarch yn wresog, gyda "Buongiorno" a gwên. Dyma Maxi yn archebu mewn Eidaleg, "Vorremmo un fiasco di vino rosso locale, per piacere." "Grazie. Va bene," meddai. Lola oedd enw'r *cameriera*, hogan ddel a gwallt du fel y frân. Ceisiasom ddweud ein bod yn chwilio am le i *soldati* gysgu, a dyma'r perchennog yn dod atom a'n cymhell i fynd at ddyn o'r enw Guido Cipriani – dyn dylanwadol iawn ym Mhartina yn ôl yr hyn a ddeallasom.

Cawsom hyd i'r tŷ ac wedi egluro ein sefyllfa wrtho, aeth â ni i fyny'r grisiau oedd yn arwain i lofft fawr – ystafell hir gyda digon o le i roi ein planced i lawr a mynd i gysgu. Roedd gan Signor Cipriani dair o ferched, Gabriella, Giulia a Dina yr ieuengaf. Medrai Dina siarad ychydig Saesneg ac mi roedd hynny yn help mawr.

138

Roedd wedi astudio Saesneg yn yr ysgol cyn mynd i'r Brifysgol yn Firenze.

Cafodd Maxi, Shaun, y Sarsiant a minnau wahoddiad i swper un noswaith gan Guido. Er bod prinder bwyd garw yr adeg hynny roedd y teulu bach wedi arlwyo gwledd flasus dros ben, yn cynnwys *cotoletta d'agnello*, *minestrone*, *castagne*, a chostrel fawr o *chianti locale*.

Gêm Beldroed

Dyma ddigwyddiad arall sydd wedi'i serio ar fy nghof hyd heddiw. Roedd gan fechgyn ifanc yr ardal dîm peldroed a daeth Dina a'i thad atom i drefnu gêm. Dewisiodd Corporal Jack Kettle y chwareuwyr ar gyfer y tîm. Roeddwn i'n chwarae ar yr asgell dde, ond bu tipyn o benbleth ynglŷn â dewis reffarî, yr oedd rhaid dewis un nad oedd yn Eidalwr nac yn Brydeiniwr. Cafodd Guido afael ar un oedd yn honni bod yn Sbaenwr, a fo gafodd y dasg o ddyfarnu'n ddi-duedd.

Ar lain o dir yn perthyn i Guido roedd yr ornest i'w chynnal ac roedd llawer o'r pentrefwyr wedi dod i gefnogi. Dyma eu tîm nhw yn rhedeg ar y cae mewn steil yn eu coch, gwyn a gwyrdd, a ninnau yn ein *khaki* trwsgwl. Wel, cawsom grasfa iawn, pump i ddwy iddyn nhw, ond ta waeth, cawsom lot fawr o hwyl a rhywbeth i symud ein meddwl. Roedd yn gêm gyfeillgar – 18 mis yn ôl yn elynion, a nawr yn gyfeillion.

Mynd i'r Eglwys

Fore Sul, yn fore iawn hefyd, daeth Dina â darn o bapur yn ei llaw ac arno amser y gwasanaethau yn yr Eglwys. Roedd am fynnu ein troi'n Babyddion! Dyma gael gair gyda'r Sarsiant ac fe gytunodd hwnnw fod rhyddid i'r sawl oedd yn dymuno, fynychu'r Eglwys.

Tua deg ohonom, rhai yn Gatholigion ac eraill yn Anghydffurfwyr, aeth i'r gwasanaeth boreuol hwnnw. Cawsom groeso mawr. Roedd yr eglwys yn llawn dop, a llawer ohonom yn sefyll yn y tu ôl. Roedd y teulu Cipriani yn falch iawn o'n gweld. "Va bene," meddai Dina a oedd wedi dod i addoli gyda *Papà*.

Yn ystod ein harhosiad byr yn Partina, tua pythefnos os cofiaf yn iawn, bu priodas yn y pentref. Choeliwch chi byth, cafodd Maxi,

Jack Kettle, milwr o fyddin Gwlad Pwyl o'r enw Tony a minnau wahoddiad i'r derbyniad (*ricevimento*) gyda'r nos. Cafwyd hwyl fawr a phawb yn mwynhau gwrando ar offerynnau cerdd, roedd hyd yn oed organ geg gan ddau neu dri ohonynt, digon o ganu a dawnsio a bod yn llawen, a digonedd o fwyd da. Yn ôl yr hyn a ddeallais, roedd y trigolion wedi gofalu anfon ychydig ddefnydd i wneud bwyd ymlaen llaw, gan fod bwydydd mor brin a dim yn y siopau. Y *Tedeschi* wedi ei ddwyn i gyd, yn ôl y sôn. Main iawn oedd arnynt am fwyd. Wel mi roedd y croeso a'r cyfeillgarwch a ddangoswyd tuag atom yn brofiad bythgofiadwy.

Cyd-ddigwyddiad

Roedd rhai o filwyr Gwlad Pwyl yn aros nid nepell o Partina. Dyna sut yr oedd Tony, y soniais amdano ynghynt, hefo ni. Dim ond y noson honno a'r diwrnod canlynol y buom gyda'n gilydd ac yna gwahanu. Ddechrau Ebrill 1945 oedd hynny. Wel, ym mis Ebrill 1953, wyth mlynedd yn ddiweddarach, roeddwn yn gweithio ym Miwmares. Gwelais ddyn yn dod i'm cyfarfod ar y palmant. Fel yr oedd yn dynesu, sylwais fod rhywbeth yn gyfarwydd amdano, wrth iddo ddod yn nes fe'i nabodais yn syth – Tony. Wel, mi roedd y ddau ohonom wedi'n syfrdanu o weld ein gilydd eto. Taflodd ei freichiau dros fy ysgwydd a dyna lle'r oeddem ar Stryd y Castell, Biwmares yn cofleidio'n gilydd a phobl a oedd yn pasio yn edrych yn syn arnom. Buom yn hel atgofion am noson y briodas ac yntau hefyd yn cofio rhai enwau. Gweithio yn lle Gas Biwmares oedd Tony ac yntau fel llawer arall wedi cael dod i'r wlad hon yn hytrach na chael ei anfon gan Rwsia i Siberia fel y digwyddodd i filoedd o filwyr dewr gwlad Pwyl ar ôl i'r rhyfel orffen.

Byddai Dina neu ei chwaer yn galw bob dydd i gasglu ein dillad i'w golchi. Deuent yn ôl yn lân ac wedi'u smwddio'n dwt. Ni chymerai dâl mewn arian o gwbl ond gan fod gennym ni ddigon o de a choffi, roedd yr hogiau yn gallu rhoi cyfran go dda iddynt. Hefyd roedd y bwyd caled, y bisgedi a'r pâst cig yn dderbyniol iawn ganddynt.

Cawsom orchymyn i symud ymlaen. Roedd rhwystrau ar y ffordd i Forli, pontydd ac adeiladau wedi'u chwythu i fyny. Rhaid oedd canu'n iach i Partina ein dinas noddfa a'i thrigolion caredig.

Cofiaf yn dda fynd ar y tarw dur efo Jack Kettle, a oedd yn is-swyddog erbyn hyn, i wneud ffordd osgoi gan fod y bont wedi ei chwythu'n garnedd, ac o'r herwydd yn rhwystr i drafnidiaeth.

Gwelais hogan ifanc yn rhedeg o dŷ gerllaw a'i gwynt yn ei dwrn a'i dwy law i fyny yn gweiddi, "Mine, mine. Fermata." Roedd hi wedi gweld yr Almaenwyr yn gosod y ffrwydron yn y tir ac o dan y cerrig. Cafodd Jack linell i'r uned difa ffrwydron a chyn pen dim roeddent yno a'r hogan fach yn dangos iddynt ble roedd y ffrwydron wedi'u gosod, a finnau yn ceisio cyfieithu ychydig rhyngddynt.

Ymhen dim o amser roedd y ffrwydron wedi'u difa a'r cerrig wedi'u symud a'r ffordd i Forli yn glir, yn yr ardal honno beth bynnag. Diolch i'r hogan ifanc am ein rhybuddio, roedd yn haeddu medal.

Erbyn hyn, ddechrau Ebrill 1945, roeddem ni'r 8fed Fyddin a'r 5ed Fyddin yn ennill tir yn gyflym ac yn torri allan yn nyffryn y Po a gwastadedd Lombardia. Cofiaf fod wedi cyrraedd tref Forli a'r heolydd yn drybolau o fwd. Roedd wedi gwneud glawogydd mawr a'r cerbydau rhyfel a'r tanciau wedi cario'r mwd ar eu holwynion.

Cynnig

Tua'r amser yma cafodd Maxi a minnau gynnig ymuno â'r *Field Security Unit*. Y swyddog oedd yn chwilio am le i'w filwyr gysgu oedd wedi ein cymeradwyo am ein bod wedi helpu trwy siarad ychydig Eidaleg. Buasai hynny yn golygu mynd i lawr i Rufain am ryw ddau neu dri mis ac aros wedyn yn yr Eidal, hwyrach am ddwy flynedd. Wel, doeddan ni ein dau ddim eisiau hynny achos roedd yn golygu colli ein hen gyfeillion yn yr *8th Mech. Equip.* a ninnau wedi bod gyda'n gilydd trwy ddŵr a thân am gymaint o amser.

Pan oeddem yn Forli daeth gorchymyn o'r Pencadlys i ddweud fod yr 8fed Platŵn i dynnu'n ôl i borthladd Livorno ar ochr orllewinol yr Eidal. Wel, bu dyfalu mawr yn ein mysg i ble yr oeddem yn mynd a'r mwyafrif ohonom yn credu mai ar fwrdd llong ac adref o'r diwedd yr aem. Wedi'r cwbl roedd yr 8fed Fyddin wedi ymladd ar draws miloedd o filltiroedd o Anialwch y Gorllewin, wedi ymladd eu ffordd i draethau Sicilia 12 mis cyn y glanio yn Ffrainc, nes o'r diwedd i luoedd yr Almaen gael eu trechu'n llwyr, ac ildio. A rhaid cofio fod yr 8fed Fyddin a'r 5ed Fyddin wedi ymladd eu ffordd am 750 milltir o flaen troed dde'r Eidal i odrau'r Alpau.

Wrth deithio i lawr i Livorno roeddem yn croesi llawer o bontydd oedd wedi eu hadeiladu ar y rhai a ddinistrwyd yn yr ymladd. Gwelwyd y geiriau hyn: *You are crossing the river by courtesy of the Royal Engineers.* A minnau'n meddwl ac yn myfyrio ar y gwaed a gollwyd wrth eu hadeiladu!

Wedi i ni gyrraedd Livorno a rhoi ein pwn i lawr euthym i ofyn i'r Sarsiant tybed a oedd siawns cael ychydig o amser i gael golwg ar ddinas enwog Pisa a'i thŵr gogwydd, un o saith rhyfeddodau y byd, gan nad oedd nepell o Livorno. "Wrth gwrs," meddai, "dw i'n bwriadu mynd fy hun, os câf ganiatâd gan y Capten i roi *passes*". Roedd yn rhaid i'r Capten eu harwyddo bob un. Wel, cafwyd sêl bendith y swyddog a'i sêl o'i hun arno: 6 awr yn rhydd i fynd i Bisa a dwy neu dair o lorïau i'n cludo. Ardderchog!

Pisa

Mae Pisa yn un o ddinasoedd harddaf yr Eidal – brenhines y gorllewin y'i gelwid, gyda'i chofgolofnau o farmor gwyn a phinc. Gwledd i'r llygaid oedd y Piazza del Duomo, y Capel Bedydd, y maes Cysegredig a'r Tŵr ar ogwydd sydd yn 187 troedfedd o uchder, ac yn edrych fel teisen briodas wedi'i harddurno. Mae'n gogwyddo tua 15 troedfedd, meddan nhw. Roeddwn yn cael y teimlad wrth sefyll ger y Tŵr ei fod yn ymyl syrthio trosodd ar fy mhen.

Tua 1564 y ganwyd Galileo ym Mhisa. Roedd yn athronydd a mathemategydd enwog, a dyfeisydd y *thermostat*. Gwnaeth welliant i gynllun y telescop ac i bendil y cloc. Cafodd ei gondemnio am ddweud fod y ddaear yn symud o gwmpas yr haul.

Daeth y chwe awr o weld ychydig o ryfeddodau Pisa i ben. Wedi galw'r cyfrif (*roll call*) i wneud yn siŵr fod yr hogiau yno i gyd, naid i'r tryc ac yn ôl â ni i Livorno.

142

Ffarwelio â'r Eidal

Mewn dim o amser roeddem ar fwrdd hen long efo llawer o filwyr o'r 8fed a'r 5ed Fyddin oedd wedi bod yn milwrio yn yr Eidal ers yn agos i ddwy flynedd. A chyn bo hir roedd yr hen long yn morio ym Môr y Canoldir ac yn cychwyn i'r cyfeiriad iawn fel y tybiem, tuag adref! Ffarwelio â'r Eidal gyda'i mynyddoedd, ei dyffrynnoedd, ei hafonydd a'i phontydd. Ar ôl gweld cymaint ohonynt, doedd arnaf ddim eisiau gweld na phont nac afon mwyach, ac eithrio Pont y Borth sy'n croesi'r Fenai dlos i Sir Fôn.

Wedi i'r hen long fod yn hwylio am ychydig a thir mawr yr Eidal i'w weld yn diflannu ar y gorwel roedd yr hogiau mewn hwyliau da yn canu'r hen ganeon megis:

It's a long way to Tipperary.
a *The troop ship was leaving Bombay*
Bound for Old Blighty shore
Heavily laden with time expired men....
a'r enwog *Lili Marlene.*

Dyma'r Sarsiant yn galw parêd. Roedd Capten yr *8th Mech. Equip.* eisiau siarad â ni. Roedd eisiau rhoi ar ddeall i ni nad oeddem yn mynd adref ond yn hytrach ein bod yn mynd i lanio ym mhorthladd Marseille yn ne Ffrainc ac yna ymlaen i'r Almaen.

Wel, fe aeth pethau dros ben llestri, a'r hogiau'n bwio, gweiddi a rhegi. "The war is not over yet," gwaeddodd y Capten, "and King George wants our service a bit longer." Y peth nesaf a glywid oedd geiriau anweddus pedair llythyren yn cael eu gweiddi ar yr hen

Frenin. Bu bron iddi fynd yn *mutiny* ar yr hen long. Roedd y Capten ei hun yn cyfaddef bod annhegwch ond dyna fo, gorchymyn ydi gorchymyn. Wedi i bethau dawelu, addawodd y Capten a'r Uwchgapten y buasent yn cael gair gyda'r Pencadlys i geisio cael *leave* i ni yn fuan.

Teithio trwy Ffrainc

Ymhen pedwar diwrnod glaniodd yr hen long ym mhorthladd Marseille – lle prysur dros ben a miloedd o bobl o bob lliw a llun yn mynd a dod yno. Ar ôl dod oddi ar yr hen long cychwynasom ar daith bell i gyfeiriad gogledd Ffrainc. Roeddem yn teithio yn ystod y dydd mewn tryciau bach a chysgu'r nos mewn pebyll canfas. Cofiaf ein bod wedi mynd trwy wlad brydferth iawn a chael gwersylla y noson gyntaf yn Avignon.

Ailgychwyn ar y daith yn fore drannoeth, heibio tref Orange ac i fyny i gyfeiriad Lyon. Gwelsom olygfeydd hardd o fynyddoedd yr Alpau yn y pellter a'u copaon i gyd yn wyn.

Cofiaf aros am egwyl fach a phryd o fwyd ger yr Afon Rhône, a dal i fynd tua'r gogledd nes cyrraedd dinas Dijon. Cawsom fynd i'r ddinas hynafol hon am ryw awran a chael cyfle i brynu ambell i *souvenir* a phrofi blas y mwstard maent yn ei gynhyrchu ac sydd yn enwog dros yr holl fyd. Gwersylla wedyn yr ail noson tu allan i furiau'r ddinas.

Yna teithio ymlaen wedyn i gyfeiriad Luxembourg, a dal i'r chwith a chyrraedd Cambrai. Cysgu noson yn y fan honno; roeddem oll wedi blino'n arw. Mae Ffrainc yn anferth o wlad, ac mi oedd y daith i gyd o'r de i'r gogledd tua naw can milltir.

Gwlad Belg

Ymlaen wedyn a chroesi i Wlad Belg ac i dref enwog Ypres am seibiant. Fe drefnwyd i'r platŵn, yr *8th Mech. Equip.* aros mewn ysgol leol ble roedd cyfleusterau coginio a gwelyau bach pren i gysgu'r nos. Roedd yr ysgol yn agos i'r sgwâr cerrig a llawer o adeiladau Fflemaidd wedi'u hadeiladu yno ar ôl Rhyfel 1914-1918 gan nad oedd Ypres yn ddim ond rwbel ar ôl y gyflafan a welodd golli 55,000 o filwyr y Gymanwlad. Ni chawsant feddau, ond mae eu henwau wedi'u cerfio ar giat Menin. Cofiaf hefyd fel yr oedd y drafnidiaeth yn aros tra roedd y biwglwr yn seinio'r *last post* am 8 o'r gloch bob gyda'r nos.

Newydd da

Tua chanol mis Ebrill 1945 oedd hi pan alwodd y Capten barêd a thorri'r newydd da ein bod i gyd yn cael *leave*. Gwaeddodd yr hogiau "Hwrê!" gan feddwl y buasem yn cael o leiaf pythefnos i ffwrdd. Ond er dirfawr siom, dim ond saith niwrnod bondigrybwyll a gawsom a ninnau wedi bod oddi cartref cyhyd. Fe gymerai ddiwrnod i deithio o Ypres i stesion Gaerwen, ond er gwaethaf y siom fe'n llanwyd a llawenydd, nid bychan, wrth feddwl am gael gweld ein hanwyliaid unwaith eto.

Felly teithio ar y trên i borthladd Ostend. Bu'r trên yn aros mewn tref fawr am hanner awr a ninnau yn cael cyfle i roi tro yn y siopau i brynu ambell i anrheg iddynt gartref cyn mynd ar fwrdd y llong oedd yn croesi'r Sianel a glanio ym mhorthladd Folkestone.

Roedd criw o ferched ar y cei i'n croesawu a chroeso tywysogaidd oedd o'n wir. Aethpwyd â ni i adeilad i gael te neu goffi a *sandwich*, a'r cwbl am ddim. Roedd yn brofiad rhyfedd clywed pawb o'r bron yn siarad Seasneg ar ôl cymaint o amser yn gwrando ar wahanol ieithoedd eraill.

Cymwynas werthfawr arall yr oeddent yn ei wneud oedd rhoi'r wybodaeth gywir i ni ynglŷn â threnau ac enw'r stesion yr oedd ei hangen arnom, gan ein bod i gyd yn dod o wahanol rannau o'r wlad. Yn fy achos i mynd ar draws Llundain i orsaf Euston. Ni fu yn rhaid i mi ddisgwyl yn hir cyn cael trên ym mynd i Gaergybi a honno'n stopio yn stesion Gaerwen. Roeddwn i wedi anfon telegram ar ôl i'r llong gyrraedd Prydain Fawr i ddweud fy mod ar fy ffordd adref am ychydig o *leave*. Roedd hi'n bum mlynedd ers imi gael fy ngalw i'r lluoedd arfog.

Croeso'r teulu

Fel roedd y trên yn arafu i stopio yn yr orsaf, gwelwn fy Nhad yn sefyll ar y platfform yn fy nisgwyl a mawr oedd ei groeso. Gafaelodd yn fy mhac a'i roi ar y beic. Ymhen chwarter awr roeddem yn yr hen gartref, Drogan. Cefais groeso twymgalon gan

Mam a Megan ac yn hwyrach yn y dydd gan y cymdogion, a daeth Alice a Jeni o Fethel, Sir Gaernarfon a Mynydd Llandegai. Roedd Henry fy mrawd yn Affrica.

Peth amheuthun oedd y brecwast yr oedd Mam wedi'i baratoi y bore hwnnw, sef dau wy ieir pigo rhydd o Livorno a chig moch cartref. Be well, ynte?

Wedi sgwrsio a chymaint gennym i'w ddweud wrth y naill a'r llall, sweidwyd fi i fynd i orffwys a dyna a wnes, ac o mor braf oedd suddo unwaith eto i wely plu cynnes.

Gwibiodd y dyddiau heibio a daeth yn amser codi pac a gwneud fy ffordd yn ôl i'r platŵn yng Ngwlad Belg. Roedd yn deimlad digon annifyr ac emosiynol i mi a'r teulu, gorfod mynd yn ôl a chofio nad oedd y rhyfel wedi gorffen.

PENNOD 25

Diwedd y Rhyfel

Erbyn diwedd Ebrill 1945 roedd yr hogiau wedi dod yn ôl ac wedi ymuno â'n platŵn yn Ypres. Cyhoeddodd y Capten *standby*; roedd hynny yn golygu ein bod yn barod i symud i'r Almaen ar fyr rybudd.

Ond trwy drugaredd roedd diwedd y Rhyfel ar y gorwel. Ar 30 Ebrill lladdodd Hitler ei hun ac roedd byddinoedd y Cynghrair a Rwsia yn agosáu at Berlin. Wythnos yn ddiweddarach daeth y Rhyfel i ben. Daeth yn amser dathlu a llawenhau fod y rhyfel wedi dod i ben. Roedd y Natsïaid dieflig wedi'u concro ar ôl blynyddoedd o gyflawni erchyllderau ofnadwy a chreu dioddefaint i filiynau. Chwe blynedd o dadau a meibion, o frodyr ac ewythyrod wedi'u lladd oddi cartref, a mamau a phlant wedi'u lladd gartref yn ddinasyddion sifil a militaraidd fel ei gilydd.

Ar yr 8fed o fis Mai 1945 daeth y cyhoeddiad swyddogol gan y Prif Weinidog, Winston Churchill, fod y rhyfel ar ben. Hwn oedd y diwrnod yr oedd pawb wedi disgwyl amdano gyda'r Almaen wedi ildio yn ddiamodol ar dir a môr ac yn yr awyr. Buddugoliaeth yn Ewrop – *VE day*.

Casglodd tyrfa o filoedd o bob llwyth ac iaith i'r sgwâr ac o amgylch yn Ypres i ddathlu diwedd y gyflafan ofnadwy. Roedd canu a dawnsio ar y stryd a'r gwin a'r cognac yn llifo.

Cafwyd gwasanaethau gweddi yn yr Eglwysi i ddiolch am heddwch a'r clychau i gyd yn canu ar ôl bod yn ddistaw cyhyd a Vera Lynn yn canu 'There will be joy and laughter and peace ever after, tomorrow just you wait and see.' (dim gobaith!)

Yr Iseldiroedd

Roedd cryn ddifrod wedi'i wneud gan y bomio ym mhorthladdoedd yr Iseldiroedd ac yno gyrrwyd ni yr *8th Mech. Equip.* platŵn i drwsio ac i atgyweirio yn Middelburg, Vlissingen, Ynys Walcheren a Bergen op Zoom.

Cawsom eithaf rhyddid â'r gwaith yn wahanol iawn i pan oeddem yn ceisio rhoi pont i fyny dros afon yn yr Eidal lle roedd sielio di-baid. Ond gwell oedd anghofio hynny, os oedd modd. Roedd y Natsïaid, galluoedd y tywyllwch, wedi'u concro.

Cafodd Maxi, Shaun a minnau fod gyda'n gilydd eto. Gyda'r nos byddem yn mynd i Antwerp am dro. Roedd yno gantîn da ac ambell i gyngerdd a ballu, ac mewn porthladd o'r fath roedd llawer o wahanol ieithoedd i'w clywed.

Dw i'n cofio'n dda fel byddai Shaun wrth ei fodd yn canu alawon traddodiadol Iwerddon, yn y Wyddeleg wrth gwrs. Byddem yn eistedd wrth fwrdd bach yn mwynhau gwydriad o win ac yn sydyn torrai Shaun allan i ganu. Doedd ganddo affliw o ots am neb! Roedd yn un ffraeth hefyd hefo llawer o hen ddywediadau a ddysgodd yn fachgen gan ei Ewythr Malachi McCann. Byddai'n ynganu 'th' fel 't', ac meddai, "You two listen to this one, three things you must dread in life – the hind legs of a horse, a mad dog running at you and an Englishman smiling at you."

Ymladd

Cofiaf gryn gynnwrf yno un noson. Roedd Maxi a fi wedi mynd at y cownter, tua 12 llath o ble'r oeddem yn eistedd. Clywsom dwrw mawr a dyna lle'r oedd Shaun yn cwffio hefo dau neu dri o'r hogiau oedd ar y bwrdd agosaf i ni, y cadeiriau'n chwyrlïo drwy'r awyr. Roedd Shaun yn colbio fel lladd nadroedd. Rhedodd Maxi a finnau atynt i geisio cael trefn. Dim ond trwch asgell gwybedyn i mi gael swadan ar fy mhen.

Daeth un o ddynion y lle a phastwn yn ei law i'n hel ni allan, a gwae unrhyw un a fuasai'n mynd yn rhy agos iddo. Cai flas y pastwn ar ei gefn. Gofynnais i Shaun beth oedd wedi digwydd i achosi'r fath gynnwrf. "They were taking the micky," oedd yr atebiad, a meddai Maxi, "I think they were smiling at you."

Yn Awst 1945 gollyngwyd bomiau niwclear ar Hiroshima a

Nagasaki. Daeth y rhyfel yn erbyn Siapan i ben a diolch am hynny. Dioddefodd carcharorion lluoedd y Cynghreiriaid yn enbyd a miloedd ohonynt wedi llwgu i farwolaeth. Ildiodd Siapan yn ddi-amod.

Tanwyd coelcerthi o Fôn i Fynwy. Cynhaliwyd cyfarfodydd diolch gan y Capelydd a'r Eglwysi. Bu canu a dawnsio ar yr heolydd.

Galwodd Capten Dempster ni at ein gilydd i ddweud fod yr *8th Mech. Equip.* yn gorffen y gwaith yn y dociau ac yn gadael y Cyfandir rhag blaen am adref.

Dychwelyd i Brydain

Aethom ar fwrdd llong yn Calais ac wedyn ar drên i Newark on Trent. Cof da gennyf am y *138 Mech. Equip.* yn gwersylla yno yn 1940. Aeth Cyril a finnau i chwilio am ŵr y tŷ lojin gynt, Mr Viner, lle'r oeddem wedi aros yn 1940. Cawsom ef mewn iechyd da a llawn hwyliau ac yn ein cofio'n dda.

Ffrwgwd yn y Rhengoedd

Cawsom ar ddeall gan Uwchgapten Dempster ein bod yn aros yn Newark am oddeutu pythefnos i gael gorffwys ac atgyfnerthu ar ôl y straen oedd wedi bod arnom, a dywedodd wrthym na fyddai gofynion milwrol enfawr arnom ac eithrio ambell barêd i alw ein henwau a chyfrif ein bod yn bresennol.

Roedd yn arferiad gennym i orwedd ar ein gwelyau ar ôl cinio. Un prynhawn clywsom lais yn gweiddi, "On parade", peth anghyffredin i ni yr amser hynny o'r dydd.

Dyma ni'n codi a mynd draw i'r sgwâr ac ymuno â'r rheng yn y pen uchaf. Doeddem ni ddim wedi cael fawr o amser i wisgo amdanom ac mi oedd un neu ddau o fotymau fy nhiwnic i yn agored.

Sarsiant oedd yn cymryd y parêd, nid o'n cwmni ni 'chwaith, ond un oedd wedi bod yn Newark trwy gyfnod y rhyfel yn hyfforddi cywion sowldiwrs ac yn amlwg wedi arfer bloeddio, rhegi a galw enwau cas arnyn nhw.

Mae'n amlwg fod ganddo lygaid barcud; gwelodd nad oedd fy nhiwnic i wedi'i chau yn iawn, a dyma fo yn dwad amdanaf fel cath i gythraul, gan ysgwyd ei freichiau o'i ysgwyddau, ei gap pig a'i esgidiau yn sgleinio fel swllt. Hen ddiawl bach milain cegog cas oedd o, ac fe ddaeth o fewn ychydig fodfeddi i'm clust i grochlefain, "and your boots are a bloody disgrace," a thra'r oedd yn plygu ei ben ychydig i edrych i lawr ar fy sgidiau, ar amrantiad gafaelais ym mhig ei gap a'i dynnu i lawr dros ei lygad fel na fedrai weld dim.

Wel, fe achosodd gyffro drybeilig, a meddai y diawch, "Mi wnai i'n saff y cei di chwe mis o garchar am hyn!" Erbyn hyn roedd y swyddog, *day officer* fel y'i gelwid ef, wedi cael ei alw ac wedi dod atom a hefyd ein Uwchgapten ni.

Roeddynt yn cwestiynnu'r hogiau am y digwyddiad ac eisiau gwybod pwy oedd wedi fy ngweld yn tynnu cap y sarsiant i lawr am ei lygaid. Yr hogiau, pob un, yn tystio na welsant ddim.

Dyma Jock McAvoy, milwr profiadol, yn gofyn, "Permission to speak, Sir?" "Yes, carry on Sapper," meddai'r Uwchgapten. "We were carrying out the command given to us to stand to attention 'eyes front'. So it was impossible for anyone to see to the rear or sideways, Sir." Mi roedd hynny yn berffaith wir, doedd wiw symud pen na throed cyn cael y gorchymyn i 'stand at ease.'

Cafodd y ddau swyddog a'r sarsiant air hefo'i gilydd ynghylch y cyhuddiad ac meddai'r Uwchgapten, "Dismissed, lack of eyewitnesses."

Sheffield
Galwodd yr Uwchgapten Dempster ni at ein gilydd i ddweud ein bod yn symud i fyny i Ogledd Lloegr ac am i ni hel ein pac erbyn y bore. Mi oeddwn i yn hynod falch o glywed hynny.

Diolchais i Jock pan gefais gyfle arno ar ei ben ei hun. "You stay close to the old soldier, Taffy my boy, and you won't go far wrong," meddai. "That bugger of a sergeant deserved it, but remember this: never, ever do such a thing again. Keep your Celtic temper under control otherwise you will find yourself court-martialled and end up in the calaboose for certain."

Fe'n symudwyd wedyn i fyny i Halifax, Swydd Efrog, mangre oer, ond roedd y trigolion yn gynnes iawn tuag atom. Buom yn aros yn Sheffield am ychydig ddyddiau.

Ffawd-heglu o Sheffield i Landdaniel

Rwy'n cofio un tro i dri ohonom, Jim Rooke o Oldham, hogyn o'r Fflint – Goodman oedd ei enw os cofiaf yn iawn – a minnau benderfynu fynd adref pnawn ddydd Gwener ar ôl y *pay parade* wedi i ni gael ychydig o bres. Byddem yn canu hen gân pan yn gorymdeithio, "Happy is the day when a soldier gets his pay. Rolling, rolling, rolling home." Ac felly y buo hi efo ni ar ein ffordd adref. Roeddem fwy neu lai yn rhydd tan y parêd cyntaf fore Llun i fynd o amgylch Sheffield, ond ni chaniatawyd i ni fynd ymhellach. Roedd tu allan i'r dref *out of bounds* i ni, ac felly doedd ganddom ni ddim tocyn *pass* i deithio i unman.

Wel, dyma'i chychwyn hi, ar droed wrth gwrs, yn syth ar ôl cinio, y tri ohonom mewn hwyliau da a dechrau ffawd heglu. Wedi cerdded tua pum milltir dros y Pennines, lle diffaith ofnadwy, gwelsom drol a cheffyl yn dod y tu ôl i ni. Gofynnodd Jim i'r gyrrwr a oedd gobaith cael lifft. "Jump in," meddai'r gŵr caredig.

Fflôt fuasai ni'n ei galw yn Sir Fôn – roedd yn hirach na throl. Dyma ni'n tri yn neidio arni ac eistedd ar y sachau tatws â'n coesau yn hongian dros yr ochrau ac yn wir ddiolchgar am ychydig orffwys. Wedi i'r hen geffyl duthian mynd am tua thair milltir, trodd i mewn i gwrt fferm. Roedd y ceffyl yn gyfarwydd â'r lôn.

Rhoesom help bach i wagio'r tatws yn y 'sgubor. Cynigiodd y ffarmwr baned o de i ni. Eglurodd Jim iddo ein bod ar ein ffordd i Manceinion a rhaid oedd mynd nerth traed cyn iddi nosi,

Wedi i ni gerdded yn bur galed am tua phum milltir, gwelsom arwydd ffordd â 'Manchester 20 miles' arno. Mae pellter o tua 35 milltir rhwng Sheffield a Manceinion. Dechreuasom boeni braidd wrth weld cyn lleied o drafnidiaeth a'r nos ar ddyfod.

Ond cyn hir clywsom sŵn cerbyd modur yn dod i'r un cyfeiriad â ni. Dyma ni'n rhoi ein bodiau i fyny ar unwaith. Stopiodd y gyrrwr a gofyn i ble roeddem ni eisiau mynd. "I Fanceinion," atebodd y tri ohonom gyda'n gilydd. "There is room for three," meddai fo, "jump in." Wel, am falch oedd yr hogiau. Ond trodd y llawenydd yn ddychryn nes inni bron a llewygu pan sylweddolom pwy oedd tu ôl i'r llyw. Neb llai na swyddog, Capten, yn yr heddlu milwrol, y *Redcaps*.

"Consider yourselves very lucky, lads. I am on the way to

Manchester," meddai. Go brin ein bod yn hogiau lwcus, medda finnau wrthyf fy hun wrth gofio'r fath awdurdod oedd gan Gapten yn yr Heddlu Milwrol. Mi oeddwn yn dychmygu y tri ohonom yn cael ein bwrw i garchar ym Manceinion.

Dechreuodd holi tipyn arnom a gofynnodd i ba ran o'r Peiriannwyr yr oeddem yn perthyn a faint o ffordd oedd ganddom o Fanceinion i'n cartrefi, "dw i'n gweld mai hogiau Montgomery ydych meddai." Roedd wedi sylwi ar arwyddlun yr 8fed Fyddin ar lawes ein tiwnic. Dywedodd ei fod yntau wedi bod ar un cyfnod yn un o'r *Desert Rats*.

Diolch i'r nefoedd na ofynnodd i weld ein *pass* gan nad oedd ganddom yr un. "There we are, lads. I will drop you off at Victoria Station. That's as far as I go," meddai.

Yn sefyll wrth y fynedfa roedd dau blismon o'r Capiau Cochion un bob ochr i'r fynedfa yn archwilio papurau'r milwyr. Cerddodd y Capten tuag at y Capiau Cochion a ninnau'n cyd-gerdded mor glos ag y medrem ato. Cyn iddo droi i siarad hefo'r ddau, "All the best, lads," medda fo a dyma ninnau yn diolch ac yn rhoi saliwt arbennig iddo.

Roedd hyn yng nghlyw y ddau wyliwr trwy drugaredd, ac o'r herwydd ni ofynnwyd i ni am yr un ddogfen. Aethom ninnau heibio iddynt ac ar y platfform heb yngan odid air a chymysgu hefo'r teithwyr oedd yn disgwyl am y trên.

Ni fu'n rhaid disgwyl yn hir cyn iddi ddod a dyma Goodman a finnau yn neidio i mewn iddi; mi oedd Jim wedi ein gadael i fynd ffordd arall i Oldham. Aeth Goodman i lawr yng ngorsaf y Fflint a fy ngadael innau i feddwl ac i gynllunio sut oedd modd mynd heibio'r casglwr tocynnau oedd yn sefyll ar dop y grisiau yng ngorsaf reilffordd Bangor.

Wedi i mi stelcian am ychydig ar y platfform, sylwais ar deithiwr yn llwythog gan y sachau cludo roedd yn eu cario. Cynigiais roi help iddo. "Diolch yn fawr," meddai. Cerddais yn gyfochrog ag o nes oeddwn wedi cyrraedd top y grisiau ar y lle gwastad a dyna lle roedd y casglwr yn dal ei law allan am y tocynnau. Pan oeddwn yn union gyferbyn ag o gollyngais y pwn wrth draed y teithiwr ac fel ergyd o wn llamais i lawr y grisiau.

Cychwynnodd y casglwr redeg ar fy ôl gan weiddi nerth ei ben,

"Stop, stop." Nid oedd yn mynd i gael fy nal ar chwarae bach; doedd ganddo ddim gobaith mul. Wedi i mi gyrraedd y lôn edrychais wysg fy nghefn ond doedd dim arlliw ohono. Wnes i ddim stopio rhedeg nes oeddwn gyferbyn ag ysbyty Môn ac Arfon. Roedd wedi canu ar yr hen foi.

Erbyn hyn mi oedd yn tynnu at naw o'r gloch. Cofiais fod bws yn gadael Bangor tua'r amser yma am Langefni. Cerddais ymlaen ychydig a disgwyl wrth siop Bayne & Dargie ym Mangor Uchaf. Daeth y bws ymhen ychydig funudau a chefais eistedd yn tu ôl y bws. Daeth y *conductor* o amgylch i gymryd y pres cludo ac meddai wrthyf, "Nid oes rhaid i chi dalu, mae gŵr bonheddig yn y tu blaen am dalu trosoch, dim ond i chi ddeud wrthyf y gyrchfan." "Llanddaniel," meddwn. "O, dyw y bws ddim yn mynd i Landdaniel, dim ond ar yr A5," meddai. "Wel, Star ger Gaerwen, os gwelwch yn dda," meddwn innau.

Mi oedd yn arferiad cyffredin iawn amser y rhyfel i berson dalu *fare* dros un oedd yn y lluoedd arfog, a diolchais iddo. Wedi mynd i lawr o'r bws cerddais yn dalog am y filltir a hanner i Landdaniel – cychwyn y daith o Sheffield a chyrraedd adref dan gerdded. Roeddwn i wedi bod ar y lôn am naw awr, ond ta waeth am hynny gan mor braf a fyddai bod yn yr hen gartref eto gyda'm teulu.

Gweld y Teulu

Sylwais wrth nesáu at Drogan fod golau i'w weld yn y ffenestr; peth rhyfedd meddwn wrthyf fy hun gan fy mod yn gwybod fod yr hen deulu yn rhai cynnar am eu gwelyau. Golau lampau paraffîn oedd yn goleuo'r tŷ; doedd trydan heb eto gyrraedd Llanddaniel. Nid oeddwn wedi medru gadael iddynt wybod fy mod ar y ffordd adref.

Wel, cefais groeso tywysogaidd fel arfer gan Mam, fy Nhad a Megan a buom yn sgwrsio tan oriau mân y bore. "Roeddwn yn falch o weld y golau a'ch bod dal ar eich traed," meddwn. Ac meddai Mam, "roedd rhywbeth yn dweud wrtha i nad oeddat ymhell, Ifan."

Cefais fwrw'r Sul yn eu cwmni ac yr oedd hynny'n fendigedig. Bore Sadwrn daeth Jeni a Bob, fy chwaer a'm brawd yng nghfraith, gyda'u dwy ferch fach Alice a Margaret. Hefyd daeth fy chwaer

Alice a'i gŵr Emrys, yn ogystal â Mary, gwraig Henry fy mrawd. Roedd yn rhy bell i Henry ddod o Affrica! Daeth rhai cyfeillion eraill nes fod y tŷ yn orlawn. Wel, sôn am siarad a sôn am droeon yr yrfa.

Blythe

Ni fuom yn Halifax fawr o amser cyn mynd i Blythe. Os oedd Halifax yn oer, roedd yn llawer oerach yno, gyda gwynt o'r gogledd-ddwyrain. Ond yno eto roedd y bobl, y Geordies, yn glên a chymwynasgar.

Erbyn hyn roedd gaeaf 1945 ar ein gwarthaf. Doeddem yn gwneud y nesaf peth i ddim, dim ond cicio'n sodlau, a buasai mor hawdd i'r awdurdodau ein gollwng yn rhydd o'r fyddin pe mynnent, ond nid felly y bu.

Yn ystod y cyfnod hwn roedd fy chwaer fach Megan wedi ei tharo'n wael iawn a bu pryder mawr amdani. Nis gallai symud na llaw na throed. Roedd yng ngofal Dr Alun Griffith, Llwyn Idris, a bu'n hynod ofalus ohoni ac yn galw yn Drogan i'w gweld yn aml. Ysgrifennodd y Doctor lythyr at fy Nghadlywydd yn sôn am ei gwaeledd ac yn gofyn caniatâd i mi gael dod yn agosach adref.

Lerpwl

Wel, mi weithiodd, a diolch i'r Doctor ac i'r *commander*, cyn pen pythefnos cefais air ganddo yn dweud fy mod yn cael *posting* yn Lerpwl, prifddinas Gogledd Cymru, a digon agos i ddod adref i fwrw'r Sul.

Mr a Mrs Banks, Warbeck Moor, Walton oedd y cyfeiriad a gefais i fynd iddo, ac yno yr euthum â'm pac ar fy nghefn. Roedd dau arall yn y *bilet* hwn, un yn yr R.A.F. a'r llall yn y fyddin. Daethom yn ffrindiau â'n gilydd yn fuan a byddwn yn mynd gyda Jack ar y lori oedd yn ei gyrru i Southport bron bob dydd. Yn yr R.A.S.C. oedd o, a dim arall i'w wneud ganddo ond lladd amser.

Erbyn hyn roedd y *138 Mech. Equip.* wedi dad-fyddino a'r hogiau wedi'u gwasgaru. Colled fawr oedd hyn i ni ar ôl bod yn fêts trwy ddŵr a thân am bedair blynedd a hanner.

Ar 19 Rhagfyr 1945 galwodd Mrs Banks ni i frecwast o gig moch a wyau. Dw i ddim yn gwybod hyd heddiw o ble roedd y cyflenwad yn dod oherwydd roedd yn anodd iawn cael bwyd ar y tocyn dogn. Un o Galway oedd Mrs Banks yn wreiddiol, a Mr Banks yn ŵr lleol. Byddai Mr Banks yn cellwair yn aml ac yn dweud, "She comes from the bogs of Ireland," pan fyddai yn ei chyflwyno hi i rywun. Y gair garwaf yn flaenaf oedd gan Mrs Banks yn wastad ond mi oedd ganddi galon ffeind.

Meddai Mrs Banks un bore, "Listen Taffy my boy. There's a Welsh girl coming here this evening and we think you should ask her if you can take her to the pictures, being you're so bloody Welsh."

"Hold on," meddwn wrthyf fy hunan, mae hon yn mynd dros ben llestri rŵan, mi rydw i yn llawer rhy swil i bethau fel yna.

Ar ôl y pryd gyda'r nos, byddai'n arferiad gennym i eistedd yn y lolfa am rhyw awran. Daeth cnoc ar y drws ac aeth Mrs Banks i'w agor a phan ddaeth yn ôl i'r lolfa yr oedd hogan ifanc olygus wrth ei hochr ac fe'i cyflwynodd i'r tri ohonom.

"This is Miss Elizabeth Winifred Williams," meddai (llond ceg go iawn, meddyliais), "and she is having her birthday today. Sure that's a good Christian name she's got."

Estynnais innau fy llaw i'w chyfarch ac yn lle dweud y peth iawn, sef 'Happy birthday', meddwn "A merry Christmas to you." Mae'n rhaid fy mod wedi cynhyrfu'n gandryll, a bûm yn destun sbort am hir gan yr hogiau.

Beth bynnag, pan gododd i adael sylwais ar Mrs Banks yn gwneud llygaid arnaf, ac meddwn, "I will walk with you to the bus," heb ofyn yn gyntaf ganiatâd. "Fine, Evan," meddai. A dyma ni'n dau yn cydgerdded am y tro cyntaf gyda'n gilydd. Ac erbyn hyn rydan ni wedi cydgerdded am 59 mlynedd. Anhygoel!

Cyn i'r bws gyrraedd y man aros roedd Winifred a minnau wedi gwneud trefniant i gyfarfod a mynd i'r pictiwrs, y Majestic yn London Road, a hynny ar 22 Rhagfyr. Pethau'n symud yn gyflym!

Cefais ar ddeall fy mod i gael ychydig ddyddiau o *leave* dros wyliau'r Nadolig 1945. Eglurais wrth Winifred y byddwn yn mynd adref am ychydig ddyddiau a buaswn yn ei gweld ar ôl cyrraedd yn ôl ar y 28ain o Ragfyr. Cefais wybod hefyd fy mod i symud *bilet* i 11 Alexandra Drive a dywedais hynny wrth Winifred. "Da iawn," meddai, "mae yn agosach o lawer i'm cartref, 45 Borrowdale, Sefton Park, a buaswn yn hoffi i chi alw i gyfarfod fy nheulu." "Diolch yn fawr," meddwn, "wel, beth am gyda'r nos yr 28ain?" "Byddaf yn eich disgwyl," meddai.

Cytunais â'r trefniant ac ysgrifennodd hithau'r cyfeiriad a rhif y bws a'r arosfa bws agosaf i Borrowdale. Yna ffarwelio gyda chusan.

Hwn oedd y chweched Nadolig i mi yn y lluoedd arfog, ond y gwahaniaeth y tro hwn oedd y cawn fod adref gyda'm teulu. Ac felly y bu. Mwynheais yr wyl mewn hedd a dedwyddwch. Diolchais i Dduw am gael dod yn ôl gan gofio y miloedd na chawsant hynny.

Ar y 28ain o Ragfyr dilynais y cyfarwyddiadau a gefais gan Winifred a chyrhaeddais 45 Borrowdale heb drafferth. Daeth rhyw deimlad o nerfusrwydd drostaf i cyn imi ganu'r gloch, ac ofni simsanu ar y funud olaf, ond dyma'i mentro hi a phwyso'r botwm.

Croeso

Agorwyd y drws gan wraig mewn tipyn o oedran. "Is Miss Winifred Williams in please?," gofynnais. "Dewch i mewn, Ifan. Croeso," meddai mewn Cymraeg croyw. Rhoddais ochenaid o ryddhad.

Cefais groeso twymgalon gan y teulu oll ac mi oedd yn deulu mawr. Roedd gan Winifred ddwy chwaer a phum brawd. Roedd dau o'r brodyr yn y lluoedd arfog, a Bob wedi bod yn garcharor rhyfel am dros bedair blynedd.

Roedd bom wedi disgyn yn ymyl y tŷ ble roeddynt yn byw yn Kildonan Road ac wedi malu'r drysau a'r ffenestri, ond buont yn ffodus i gael tŷ ddigon mawr yn 45 Borrowdale.

O Ruddlan roedd teulu Robert Williams, y Tad, yn hannu a chlywais y nain yn sôn llawer am Gwybyr Fawr. Roedd teulu'r Fam yn dod o Lanymynech. Fel y dywedais roedd y Nain a'i merch a'i mab yn siarad Cymraeg gyda'i gilydd ond yn anffodus doedd y plant ddim wedi'u meithrin yn yr iaith (anffodus o gofio fod y tair merch wedi dod i Gymru i fyw).

Roedd *bilet* Alexander Drive yn hwylus iawn, dim ond tafliad carreg o Borrowdale ac felly yn gyfleus iawn i'r ddau gariad gael bod yng nghwmni ei gilydd. A byddai ei Mam yn fy ngwadd i swper gyda'r teulu'n rheolaidd.

Tua chanol mis Ionawr 1946 cefais air i'm hysbysu i fynd i Hall

Green, Birmingham am gwrs byr o 14 diwrnod a warant rydd i deithio. Oherwydd y trefniant hwn, dim ond ar benwythnos roedd Winifred a minnau yn cael gweld ein gilydd. Ond er gwaethaf hynny, roeddem yn dal i garu'n selog.

Priodi

Ddechrau Chwefror gofynnais i Winifred a wnâi fy mhriodi, ac fe gytunodd hithau, ac fe awgrymodd imi fynd i ofyn caniatâd ei thad. Nid oedd hwn yn orchwyl hawdd iawn a dweud y lleiaf. Ond roedd Robert Williams, ei Thad, yn ddyn digon hawdd siarad ag o, ac er ei fod yn pryderu ychydig nad oeddem ond newydd ddod i adnabod ein gilydd, fe roddodd sêl ei fendith ar y briodas.

Bu teulu 45 Borrowdale yn brysur yn trefnu. Roedd eisiau penderfynu ar ddyddiad, ac roedd yn angenrheidiol yn ôl trefn yr Eglwys i gyhoeddi Gostegion priodas am bedwar Sul cyn dyddiad y briodas sef 16 Mawrth 1946. Cefais innau wybodaeth y cawn 14 niwrnod o seibiant preifat a gwarant dros yr achlysur.

Y peth nesaf oedd trefnu i ddod a'm darpar wraig adref i gyfarfod â'm rhieini. Ysgrifennais bwt o lythyr i ddewud wrthynt am fy mhenderfyniad i briodi â Winifred. Cwestiwn cyntaf fy mam oedd, "Pwy goblyn ydi honno, ac o ble mae hi'n dwad?" Gadewais i Jeni, fy chwaer, adrodd yr hanes wrthynt.

Wel, cymerodd fy nheulu ati yn syth, a diolch am hynny. A chafodd groeso ardderchog ganddynt. Roedd y briodas ar 16 Mawrth 1946, am 2 y.h. er mwyn i'm teulu i gael amser i gyrraedd Lerpwl mewn da bryd.

Fy ngyfaill hoff, Ifan Tŷ'n Brwyn, oedd ein gwas priodas a May, chwaer y briodasferch, oedd y forwyn. Dw i'n cofio Ifan yn gofyn i mi, "Wyt ti'n siŵr, Ifan," meddai, "dy fod yn gwneud y peth iawn." "Wel nac wyf," atebais, "dw i ddim yn siŵr o ddim ond un peth, ein bod ein dau mewn cariad â'n gilydd."

Gweld Hen Ffrind

Bûm yn Hall Green yn hwy na'r disgwyliad. Un bore pwy welais yn croesi iard yr ysgol ond fy hen gyfaill Shaun Shanahan. Doedd byw na marw nag awn gydag o i ymweld â'i frodyr, wyth ohonynt, roedd yr hogiau yn gweithio i godi adeiladau oedd wedi'u dinistrio gan y *Luftwaffe* yn ystod y rhyfel.

Roedd yn amser cinio pan gyrhaeddom yr adeilad *Nissen* a rhaid oedd cyfranogi yn y wledd o gawl Gwyddelig a hwnnw'n ffrwtian ferwi mewn crochan ar dân coed, pob un ohonom hefo dysgl fawr a llwy, a digonedd i bawb.

Cawsom amser difyr, Shaun a minnau, y diwrnod hwnnw yn dwyn i gof yr amser pan oeddem yn y Dwyrain Canol a Chyfandir Ewrop. Ond rhaid oedd ffarwelio eto, a welais i mohono byth wedyn. Bûm yn ymholi amdano pan oeddwn yn yr Iwerddon ond methiant fu cael gafael arno.

Cefais fy symud yn fuan wedyn i le o'r enw Kinnerly, pentref bach yn Swydd Amwythig – lle digon anghysbell yr amser hynny. Rhaid oedd mynd i Groesoswallt neu'r Amwythig i gael trên yn mynd i Sir Fôn neu Lerpwl, a'r ddwy orsaf gryn bellter o Kinnerly.

Doedd 'na fawr ddim i'w wneud yn Kinnerly heblaw ymarfer corff, glanhau'r adeiladau ac wedyn cicio'n sodlau i ladd amser. Roeddem yn methu a deall paham na fuasem yn cael ein dadfyddino a chael mynd adref. Barn rhai oedd eu bod yn ein cadw'n ôl rhag ofn i frwydro dorri allan yn Nwyrain Ewrop. Doedd Rwsia ddim yn wlad hawdd ei thrin ac yn chwannog i anghytuno gyda'r Cynghreiriaid ac ymddwyn yn fygythiol tuag at wledydd o'u hamgylch.

Y Dadfyddino

O'r diwedd ym mis Mehefin 1946 cefais air i'm hysbysu o'r dyddiad a'r man yr oeddwn i fynd iddo i gael fy nadfyddino a chael gwarant i deithio i Ashton under Lyme. Roeddwn yn edrych ymlaen yn fawr i'r diwrnod hwn a chael fy rhyddid yn ôl unwaith eto. Roedd clercod y fyddin yn archwilio ein papurau dogfen A.B. 64 rhan 1 i gofnodi'r afiechydon a'r clwyfau a gawsom yn ystod y rhyfel. Doeddwn i ddim yn mynd o'r fyddin yn hollol ddianaf, ond teimlwn nad oedd fy anafiadau i i'w cymharu â'r creaduriaid oedd wedi colli aelod o'u cyrff, megis llaw neu droed. Cofiaf hyd heddiw am y cyfaill oedd yn y gwely agosaf ataf yn yr ysbyty yn Nasareth, sef y bachgen y bûm yn sôn amdano yn gynharach. Dewisais i ddiystyru fy mân anafiadau yn yr archwiliad ffwrdd â hi a gefais gan y fyddin y diwrnod hwnnw. Cefais siwt o ddillad cyffredin newydd, par o esgidiau ac ychydig o bres. Dw i ddim yn cofio faint, ond digon i'm cynnal am fis i chwe wythnos.

Ymhen blynyddoedd wedyn gwelais yn y *Daily Post* a phapurau lleol fod y Lleng Brydeinig yn cynnal cyfarfodydd yng Ngwesty'r British ym Mangor ac yn gwahodd rhai fu'n gwasanaethu yn y lluoedd arfog i drafod a oedd Pensiwn Rhyfel yn ddyledus iddynt oherwydd clwyfau neu afiechyd. Daeth dros gant i'r cyfarfod a chafodd pob un gyfweliad gyda swyddog o'r *British Legion*.

Cefais i fy nghyfweld gan Mr Kevin Blanchfield, *County Field Officer* yr R.B.L. Cynghorodd fi i wneud cais ar bob cyfrif, ac meddai, "I will help you here and now to fill in the form," ac felly y bu. Wedi rhoi'r wybodaeth i gyd ar y ffurflen, enw'r Gatrawd, yr ysbyty a manylion eraill, anfonwyd hi ymlaen i'r adran briodol.

Cefais lythyr yn ôl yn cydnabod fod y ffurflen gais yn ddilys a'r ffeithiau'n gywir a dyddiad i mi ymddangos ger bron meddyg yn y *Drill Hall*, Bangor. Cefais archwiliad gan y meddyg a chlywais ef yn adrodd y canlyniadau yn Saesneg wrth y dyn oedd yn cymryd nodiadau, a dyma ei frawddeg ddiwethaf: Scars causing some disfigurement of the right leg.

Derbyniais lythyr yn ôl yn dweud nad oedd pres pensiwn ar gael, ond os oeddwn yn dymuno mynd i apêl i mi anfon am ffurflen. Wel, wel! Mor wahanol yw hi heddiw gyda'r holl sôn am iawndal yn y papurau ac ar y cyfryngau.

Wel, ta waeth, er y buasai ychydig sylltau ychwanegol wedi bod yn dderbyniol yn ystod yr amser caled hwn a ninnau filwyr heb gael cyfle i ennill fawr ddim arian dros y chwe blynedd diwethaf, gwyddwn fod miloedd eraill wedi cael yr un driniaeth wael â minnau.

Adref
Braf oedd cael bod yn ôl yn yr hen fro ar ôl bod mewn cynifer o wledydd, 17 i gyd, a chael cerdded yr hen lwybrau, Lôn Tŷ Mawr yn arbennig. Siom oedd gweld y drain a'r mieri, y cloddiau wedi cwympo a fawr ddim o flodau gwyllt ble roedd digonedd ers talwm. Ni chlywais ychwaith yr ehedydd yn codi i'r entrychion dan ganu:

Y llwybrau gynt lle bu'r gân
Yw lleoedd y dylluan.

Cafodd fy ngwraig a minnau groeso twym galon gan fy nheulu a'm cyfeillion a thrigolion Llanddaniel Fab. Cynhaliwyd swper croeso i'r rhai oedd wedi bod yn y lluoedd arfog, a darparwyd gwledd ardderchog a chawsom noson lawen o gymdeithasu.

Roedd yr amser a dreuliais yn y fyddin wedi dirwyn i ben – dros chwe mlynedd, o bosibl y blynyddoedd pwysicaf o fywyd dyn. Bu rhai yn ddigon dymunol a phleserus, eraill yn ddychrynllyd.

Hoffwn feddwl fod fy nghyfraniad bach i, er iddo fod y mymryn lleiaf dim ond megis diferyn yn y môr, wedi bod rywfaint o help i rwystro Hitler a'i Natsïaid dieflig a bwystfilaidd rhag meddiannu'r wlad hon.

Anghofiaf i byth siarad hefo merched a oedd newydd gael eu rhyddhau o Wersyll Carchar Ravensbrück, a'r rheini yn dangos eu dwylo a'i breichiau er mwyn inni gael gweld y modd y cawsent eu camdrin. Roedd y creithiau i'w gweld a rhai o fysedd eu dwylo yn sownd yn ei gilydd.

Ar ôl yr heldrin fel y dywedais ar y dechrau gwell oedd gennyf geisio anghofio. Ond erbyn hyn er mor ddychrynllyd oedd ar adegau, credaf ei bod yn bwysig cofio ac edrych yn ôl a gofalu na wnaiff ddigwydd byth eto.

Doedd byw bywyd cyffredin ar ôl y gyflafan ddim yn hawdd. Roeddwn yn ei chael hi'n anodd setlo ar ôl cymaint o amser yn crwydro a'r holl brysurdeb a fu ac roeddwn yn gweld eisiau yr hen hogiau. Rhaid cyfaddef imi deimlo rhyw wacter ac unigrwydd ar adegau a theimlo colli'r agosatrwydd oedd wedi tyfu rhyngom. Roedd y rhai ohonom oedd yn weddill wedi treulio dros chwe blynedd gyda'n gilydd, a chyfeillgarwch diffuant wedi datblygu rhyngom. Pan oeddem wedi bod mewn helbul neu yng nghanol amgylchiadau dyrys, buom yn gefn ac yn driw i'n gilydd. Cawsom yn ogystal gydlawenhau ar adegau.

Ar ddiwedd y rhyfel a ninnau yng Ngwlad Belg, fe dynnwyd llun yr 8fed Platŵn o'r *138 Coy*. Sylwais mai dim ond naw oedd ar ôl o'r cwmni gwreiddiol o 60 a ffurfiwyd yn ôl ym 1940. Yn ystod y pum mlynedd fe gollodd rhai eu bywydau ac fe glwyfwyd eraill a dioddefodd rhai waeledd a chael eu hanfon adref i gryfhau. Ac wrth gwrs fe anfonwyd eraill atom i lenwi'r bwlch a adawyd gan yr hogiau.

Hoffwn dalu teyrnged i'r rhai a gollodd eu bywydau ac na chafodd ddod yn ôl. Ac hefyd i'r rhai ffodus fel fi a ddychwelodd yn ddiogel, "ac i Dduw y byddo'r diolch."

Ni heneiddiant hwy fel ni a adawyd,
Ni ddwg oed iddynt ludded na'r blynyddoedd goll-farn mwy,
Pan elo'r haul i lawr, ac ar wawr y bore, "Ni a'i cofiwn hwy."

ATODIAD

Credais yn gryf dros ryddid gwledydd bychain Ewrop. Ond beth am ryddid Cymru? Dwi'n cofio'r ymgyrchu a fu dros gael sianel deledu Gymraeg. Roedd William Whitelaw wedi torri ei amod. Y llywodraeth wedi gwrthod gweithredu argymhellion pwyllgorau Crawford Annan a Siberri, felly o'r herwydd, gwrthodais innau godi a thalu am drwydded Deledu. Teimlwn nad oedd Cymru, fy ngwlad bach i, yn cael ei hiawnderau.

Roedd llawer erbyn hyn wedi eu dedfrydu a'u taflu i garchar gan ynadon gwrth-Gymreig ffroen uchel a thrahaus.

Cafodd dau ohonom, sef Tecwyn Griffith a minnau, gyfle i wneud datganiad i'r fainc. Fe soniais yn fy natganiad am yr anghyfiawnder ynglŷn â'r sianel ac am yr amser y bûm yn gwasanaethu yn y fyddin.

Wedi iddynt ddychwelyd ar ôl ymgynghori, dywedodd cadeirydd y fainc, Mr. Gwilym Thomas, ein bod yn cael ein rhyddhau yn ddi-amod a dim costau i'w talu. Anhygoel!

Mae'r hanesyn yn profi bod cydymdeimlad tuag atom ymhlith rhai ynadon, a pharch tuag at ein brwydr gyda Llywodraeth ein gwlad am gyfiawnder a chwarae teg i'r iaith.

Wedi inni ddod allan o'r llys daeth Twrnai yr erlyniad atom a sibrwd, "Da iawn hogia, fe gawsoch hwyl arni y bore ma." Wel anghygoel eto!

Gweler yr hanes yn llawn yn llyfr Gwilym Tudur, tudalen 162, "Wyt Ti'n Cofio", 'Ynadon call Ifan G. Morris'.

Bellach mae dros drigain mlynedd wedi mynd heibio ers rhai o'r digwyddiadau hyn. Gall ambell i ddyddiad fod ychydig allan ohoni, ond diolch am gof eitha da ac ambell i nodyn a llun i brocio'r cof. Credaf serch hynny, iddynt fod yn eithaf agos i'w lle.